正信偈のこころ
限りなきいのちの詩《うた》

戸次公正

法藏館

正信偈のこころ
限りなきいのちの詩

目次

はじめに　3

真実の心　なむあみだぶつの歴史の詩

親鸞の浄土讃歌

阿弥陀仏のものがたり

釈迦如来のものがたり

念仏はどう伝わったか

龍樹

天親

曇鸞

道綽

善導

源信

法然

念仏の歴史への参加

あとがき

正信偈のこころ
限りなきいのちの詩《うた》

はじめに

あなたは「なむあみだぶつ」をとなえたことがあるでしょうか。お葬式や法事の席で、お墓に参った時に、人に合わせて口ずさんだことがありませんか？　心の安らぎを求めて寺で法話を聞いたり、仏教の本を呼んで感じるところがあって称《とな》えた人もあるでしょう。一度も称《とな》えたことがない人もいるし、称《とな》えたくない人もあると思います。

でも、「なむあみだぶつ」とは何のことか、どういうわけで称《とな》えるのかを知っておられるでしょうか。意味もわからずに称《とな》えていたり、称《とな》えたくなかったりするのはおかしいと思いませんか。

「なむあみだぶつ」は、たんに阿弥陀仏《あみだぶつ》という仏《ほとけ》さまの名前ではありませんし、呪文やおまじないでもありません。「あみだぶつ」の前に「なむ」がついているところに深い意味があるのです。

「なむ」とは、阿弥陀仏《あみだぶつ》という仏さまの心をたずね、そのいわれをよく聞き分けて「帰《き》依《え》（拠《よ》りどころにして生きる）」することです。

実は、これから読んでいく『正信偈《しょうしんげ》』には、阿弥陀仏《あみだぶつ》の誓《ちか》いと願《ねが》いが、真実の行《ぎょう》と信《しん》をこめた言葉「なむあみだぶつ」となって伝えられてきたいわれが説き明かされ、うたわれているのです。

はるかに遠い昔、阿弥陀仏《あみだぶつ》がすべての人々を等《ひと》しく救《すく》うと誓って願いを起こしたことによって人類の歴史は限りない恩恵をこうむってきました。その恩《おん》の深いことをよく聞いて知った親鸞《しんらん》さんは、その思いを『正信偈《しょうしんげ》』（ただしくは正信念仏偈《しょうしんねんぶつげ》）という漢詩を作って述べようとしたのです。

真実《しんじつ》の心《こころ》　なむあみだぶつの歴史《れきし》の詩《うた》

命《いのち》の始源《しげん》への問いかけ

それが人類のはるかな歴史の中で、いつごろ、どこで、だれによって語り出されたのかわからない、けれど確かな言い伝えがあります。その言い伝えは数限りない人々によって聞き取られ、うなずかれ、その心の奥深くに、たましい（魂・ソウル）に刻み込まれてきました。それは私たちの命（いのち）の始源にかかわる問いかけなのです。

人はなぜ生まれたのか、どこからやって来て、どこへ去ってゆくのか……。

人はなぜ生きるのか、人のいのちと大地にも空にもあふれる命は同じなのか、ちがうのか、人間だけがエライのか……。

いったい命に重さや、広さや、深さがあるのだろうか……。

人はなぜ殺し合いをするのか？

なぜ、殺したいほど憎むのか？

なぜ、殺されるのがつらいのか？
なぜ、死んでいくのを見ると悲しいのか？
どうすれば、殺し殺されるだけでなく、生かし与えあえるようになれるのか？

この言い伝え、この問いかけは、私たちが生きている世界のすがた、ありさまの全体にかかわる問いかけです。ちょっとやそっと考えたぐらいでは答えの出そうにない、こんな大きな重たい問いかけが、人類の魂の歴史に記憶され、語りつがれてきたのです。

みんながその言い伝えを忘れそうになった時、ふと、その問いを思い起こしてまわりの人にたずねて回る人が現れました。

でも、みんなは「さあ、そんなことは誰にもわからないよ」「謎だよ」「しかたがないよ、それが世の中だから」「どうしてそんなにむずかしく考えたりするのさ」と言うばかりでした。

それでも、このことが気になって気になってしかたなく、このことをハッキリさせないと生きるに生ききれない、死んでゆくこともできないというほど考えて考えて考えぬいた人が現れました。その人は、この言い伝えと問いかけが、もっと人々の心に宿るようにと思いつづけて、それをいろんな物語や譬《たと》え話にしました。そう、物語や譬《たと》え話というかたちでしか語りえない真実がそこにあるからです。

命《いのち》の海の伝説

そのなかにこんな物語があります。

一人の王様がいました。その人は「あらゆる命を大切にしたい」と考えて暮らしていました。ある日のこと、王様のもとに鷲《わし》に追いかけられた鳩《はと》が一羽飛び込んできました。鳩をかくまうと、そこへ鷲がやってきて「エサをかえせ」と責めたてました。

王様は「あらゆる命を大切にしたい」と言いました。すると鷲は言いました。

「では、鳩をエサにして生きるわしの命はどうなる？」

王様はこの問いかけを真剣に受けとめて思い悩みました。鳩も鷲も共に生かすにはどうしたらいいのか、と。

考えたあげく王様は「自分の肉をおまえに与えよう」と鷲に答えました。鳩と同じ重さの肉を、わが身をそいで与えようと。そこで秤《はかり》をもってきて、片方に鳩をのせ、もう片方に自分の肉を切ってのせました。でも秤はいっこうにつり合わないのです。なぜか鳩の方が重いのです。王様は苦しみながらもどんどん肉をそいで秤にかけましたが等しくなりません。

ついに自分の全身を投げ出して秤にのせたその時、はじめて鳩と王様は同じ重さになったのです。（『ジャータカ物語』より）

さて、この物語はいったい何を言おうとしているのでしょうか。それは、たった一羽の鳩の命を救うため、また鳩を食べなければ死ぬという鷲の命をも救うため、あえて自分の身体を投げ出して、死んでもいいと思い立ったという話です。これは、頭であれこれと考えてみて理解できる話ではありません。なぜ、鳩のためにそこまでするのか、まったくわからなくなってくるからです。

この物語を誰かから聞かされて、そこに「なぜ？」という言い伝え、問いかけがこめられていることを発見した人がいました。

その人は、「あらゆるいのちあるもの（衆生《しゅじょう》）と共に生きたい」「戦争や差別や貧困によって人間であることを奪われることのない世界（浄土《じょうど》）を明らかにしたい」という願いをおこしました。その願いは、本当の自由を求める解放への祈りです。その願い、祈りを受けつぐ人が一人またひとりと現れました。

その願いを「宝の海」に喩《たと》えた人がいました。その願いには、真実のすぐれたはたらき

（功徳《くどく》）が満ちているから。それはどんな人もすべて嫌わず、差別してへだてることなく一つの命の道理の本性（法性《ほっしょう》）に導いていくから宝物のような大きな海なのだと。この海のなかから姿を現して名のり出て、何ものにも妨げられない誓い、ねがいをおこした人がいる。その人の名が永遠の寿《いのち》をもち、光《ひかり》となって今なお生きつづけている。（親鸞《しんらん》『一念《いちねん》多念文意《たねんもんい》』より取意）

その心を尋《たず》ねていくうちに、私のなかからも、ひとつの話、「いのち」の海の伝説が聞こえてきたのです。

ある時、一人の人間が地上に誕生しました。大きな「いのち」の海から、「ひと」として生まれてきたその人は、自分を世に出した「いのち」の源《みなもと》をたずねて、終わりのない歩みをはじめました。

やがて、その人の歩みは伝説となり、人々の間で心から心へと語りつがれていきました。

その伝説には、忘れていたことを思い出させる不思議な力があるのです。どうやらそれは、その人の願いが声となり、言葉となり、世の光となって、今でも、どこかで響いているからだと思われます。

その願いに出会った人はみんな、ありのままに生と死を見つめ、それぞれに「いのち」

の花を咲かせ、生き生きとしていけるのです。

南無阿弥陀仏《なむあみだぶつ》の歴史

『正信偈《しょうしんげ》』にはそんなことがうたわれています。

この詩は、初めのほうで、一人のひとが、永遠《えいえん》の寿（いのち）と光をもって生きつづける阿弥陀仏《あみだぶつ》になるまでのいきさつが語られています。

それは、二五〇〇年前、インドに生まれた釈尊《しゃくそう》（シャカムニ・ゴータマ・ブッダ）によって説かれた『永遠《えいえん》の寿（いのち）の物語』というお経《きょう》の話です。

そして、あとのほうで、その永遠《えいえん》の仏（みほとけ）の心を「南無阿弥陀仏《なむあみだぶつ》」という真実《しんじつ》の言葉によって表わし、伝えてきた七人の人々の教えが述べられています。

それは次のような方たちです。

インド・西域

龍樹《りゅうじゅ》（ナーガールジュナ）二世紀〜三世紀ごろ

天親《てんじん》（ヴァスバンドゥ）四世紀ごろ

中　国

曇鸞《どんらん》（タンルアン）北魏《ほくぎ》、四七六～五四二年
道綽《どうしゃく》（タオチュオ）北斉《ほくさい》、五六二～六四五年
善導《ぜんどう》（シャンタオ）隋《ずい》、唐《とう》、六一三～六八一年

日本

源信《げんしん》（恵心《えしん》）平安時代、九四二～一〇一七年
源空《げんくう》（法然《ほうねん》）平安時代、一一三三～一二一二年

このように、インドからアジア全土に地下水のようにしみこみ、風にのり、海を越えて中国、朝鮮、日本にまで伝わってきた「なむあみだぶつ」の歴史がうたわれているのです。

「なむあみだぶつ」にこめられた仏教《ぶっきょう》の心とは、果《は》てしない「いのち」の深さ、広さ、重さを願《ねが》いにあらわし、真実《しんじつ》の心と言葉によって呼びかけるものです。

それは、人類の歴史に流れる、あらゆる「いのちあるもの」と共に生きたい、という願《ねが》いです。それは、差別《さべつ》と暴力《ぼうりょく》の渦巻《うずま》くこの世界に生きる者の、魂《こころ》の奥に息づいている、本当の自由《じゆう》と平等《びょうどう》と平和《へいわ》を願う、解放《かいほう》への祈《いの》りなのです。

この『正信偈《しょうしんげ》』は、現代に生きる私たちにまで「なむあみだぶつ」を贈《おく》るために書かれた詩《うた》です。『正信偈《しょうしんげ》』を著《あら》わしたのは、日本の鎌倉時代に生きた親鸞《しんらん》（愚禿《ぐとく》）（一一七三

～一二六二）という人です。

『正信偈《しょうしんげ》』はなぜ著《あら》わされたか

『正信偈《しょうしんげ》』は、親鸞《しんらん》の著《あら》わした『教行信証《きょうぎょうしんしょう》』（顕浄土真実教行証文類《けんじょうどしんじつきょうぎょうしょうもんるい》）全六巻の中に収められている仏教讃歌（偈《げ》）です。

『教行信証《きょうぎょうしんしょう》』は、インド、中国、朝鮮、日本の経典や論文、註釈書を豊富に引用し、そこに自らの宗教的信念にもとづく独自の解釈を加えた書物です。それは親鸞が自らの求道の歩み、その信心と思想を展開したものです。

『教行信証《きょうぎょうしんしょう》』にはまた、仏教以外の思想や宗教、儒教《じゅきょう》や道教《どうきょう》、の文献も数多く引用されています。それは親鸞が生きていた時代の社会的現実と、その当時の宗教界・思想界への厳しい批判となっています。

親鸞は、その師である法然《ほうねん》（源空《げんくう》）との出会いによって「本願《ほんがん》―あらゆるいのちあるものへの願い・解放への祈り」を究極の依《よ》りどころとして生きる道を選びとりました。それは「本願《ほんがん》を信じ念仏《ねんぶつ》を申《もう》」すこと、つまり「いのちへの願いを、憶《おも》い念《ねん》じ、受けつぎ伝える」ことです。

その「念仏《ねんぶつ》―なむあみだぶつ」をすること、布教し伝道することが禁止され、念仏者《ねんぶつしゃ》の教団が弾圧されたのです。死刑となった者もいました。法然《ほうねん》と親鸞《しんらん》たちは流罪《るざい》となりました。念仏《ねんぶつ》すること、念仏《ねんぶつ》について語ることは、まさに「命がけ」のことだったのです。その流罪になった体験のなかから親鸞は自ら「愚禿《ぐとく》」と名のりました。そして流罪からのちの関東での生活を通して、自らの求道の歩みを『教行信証《きょうぎょうしんしょう》』という書物に記録していったのです。それは、真実を闇の中に埋もれさせてはならない、念仏《ねんぶつ》を忘れてしまってはならない、いのちがけで守らずにはおれないまことの言葉がここにあるという意欲によって書き上げられたものです。

この『教行信証《きょうぎょうしんしょう》』第二巻「行巻《ぎょうのまき》」の最後のところに『正信偈《しょうしんげ》』がうたわれています。

親鸞はここに『正信偈《しょうしんげ》』を作るにあたっての「まえがき（偈前の文《げぜんのもん》）」を書いています。ふつう「まえがき（偈前の文《げぜんのもん》）」とはこの文をさします。

しかれば、大聖《だいしょう》の真言《しんごん》に帰《き》し、大祖《だいそ》の解釈《げしゃく》に閲《えつ》して、仏恩《ぶっとん》の深遠《じんのん》なるを信知《しんち》して、正信念仏偈《しょうしんねんぶつげ》を作りて曰《い》わく。

（だから釈尊《しゃくそん》のまことの言葉《ことば》をよりどころにして、念仏《ねんぶつ》を伝えてこられた方々の教

えを読んで、はるかな仏《みほとけ》の恩《おん》の深さを信じうなずいて、ここに正信念仏偈《しょうしんねんぶつげ》を作って
その心を述《の》べる）

しかし、私はもうすこし前の方の文章から『正信偈《しょうしんげ》』を作った親鸞の心を尋《たず》ねてみたいのです。なぜならこの「まえがき」にある「しかれば」というのは、日本語としていうと「しかあれば（上の言葉を受けて下を起こす表現）」という意味になるからです。つまり、「――以上、これこれのことを言ってきました。だから――」と結論することです。その結論を導いた、それに先立つ文の方をきちんと読んでおかないことには「しかれば」の重さが伝わってこない、と私は思うのです。

そのために、私はここにあえて『教行信証《きょうぎょうしんしょう》』全体の構成表をかかげ、その中における『正信偈』の位置と、もうひとつの「まえがき（偈前《げぜん》の文《もん》）」を引用しておきました。

『教行信証《きょうぎょうしんしょう》』の構成

『教行信証《きょうぎょうしんしょう》』（顕浄土真実教行証文類《けんじょうどしんじつきょうぎょうしょうもんるい》）

総序《そうじょ》………浄土《じょうど》の教えはなぜ興《おこ》ったか／信心は真理／聞思《もんし》して遅慮《ちりょ》することなかれ

「教巻《きょうのまき》」一…浄土《じょうど》の真実の教えとは、阿弥陀仏《あみだぶつ》の本願《ほんがん》を説いた『大無量寿経《だいむりょうじゅきょう》』

「行巻《ぎょうのまき》」二…真実の行《ぎょう》とは、如来《にょらい》から回向《えこう》された称名念仏《しょうみょうねんぶつ》（本願《ほんがん》第十七　諸仏称名《しょぶつしょうみょう》の願《がん》）

《偈前《げぜん》の文《もん》…真宗《しんしゅう》とは何か／正信偈《しょうしんげ》製作の理由《わけ》》

おおよそ誓願《せいがん》について、真実の行信《ぎょうしん》あり、また方便《ほうべん》の行信《ぎょうしん》あり。その真実の行願《ぎょうがん》は、諸仏称名《しょぶつしょうみょう》の願《がん》なり。その真実の信願《しんがん》は、至心信楽《ししんしんぎょう》の願《がん》なり。これすなわち選択本願《せんじゃくほんがん》の行信《ぎょうしん》なり。

その機《き》は、すなわち一切善悪大小凡愚《いっさいぜんまくだいしょうぼんぐ》なり。往生《おうじょう》は、すなわち難思議往生《なんしぎおうじょう》なり。仏土《ぶつど》は、すなわち報仏報土《ほうぶつほうど》なり。これすなわち誓願不可思議《せいがんふかしぎ》、一実真如海《いちじつしんにょかい》なり。『大無量寿経《だいむりょうじゅきょう》』の宗致《しゅうち》、他力真宗《たりきしんしゅう》の正意《しょうい》なり。

ここをもって知恩報徳《ちおんほうとく》のために宗師《しょうし》の釈《しゃく》を披《ひら》きたるに言《い》わく、それ菩薩《ぼさつ》は仏《ぶつ》に帰《き》す。孝子《こうし》の父母《ぶも》に帰《き》し、忠臣《ちゅうしん》の君后《くんこう》に帰《き》して、動静己《どうじょうおのれ》にあらず、出没《しゅつもつ》必《かなら》ず由《ゆえ》あるがごとし。恩《おん》を知りて徳《とく》を報ず、理宜《りよろ》しくまず啓《けい》すべし。また所願《しょがん》軽からず、もし如来《にょらい》、威神《いじん》を加《か》したまわずは将《まさ》に何をもってか達《たっ》せんとする。神力《じんりき》を乞加《こっか》す、このゆえに仰《あお》いで告《つ》ぐ、と。已上

しかれば大聖《だいしょう》の真言《しんごん》に帰《き》し、大祖《だいそ》の解釈《げしゃく》に閲《えつ》して、仏恩《ぶっとん》の深遠《じんのん》なるを信知《しんち》して、正《しょう》

信念仏偈《しんねんぶつげ》を作りて曰《い》わく、

意訳…およそ、阿弥陀仏《あみだぶつ》の誓《ちか》いには、真実の行《ぎょう》と信《しん》とがあり、また仮《かり》に設《もう》けた方便《ほうべん》の行《ぎょう》と信《しん》とがある。このうち、その真実の行《ぎょう》を誓《ちか》われた願《がん》は、第十七の「諸仏称名《しょぶつしょうみょう》の願《がん》」であり、その真実の信《しん》を誓《ちか》われた願《がん》は、第十八の「至心信楽《ししんしんぎょう》の願《がん》」である。これこそは、如来《にょらい》が選び取られた本願《ほんがん》の行《ぎょう》と信《しん》とである。この願《がん》に救われる人は、すなわち善人や悪人、大乗《だいじょう》や小乗《しょうじょう》を奉ずる世間一般の愚かな人たちすべてであり、その浄土《じょうど》に生まれるすがたは、難思議往生《なんしぎおうじょう》であり、浄土《じょうど》は報身仏《ほうじんぶつ》の報土《ほうど》である。これこそは思いはかることのできない誓《ちか》いの不思議であり、すべてを包容する唯一絶対の真実のすがた（一実真如海《いちじっしんにょかい》）である。すなわち、『大無量寿経《だいむりょうじゅきょう》』があらわすその本旨であり、他力《たりき》の真の心を正しくとらえた意趣なのである。したがって、こういうわけだから、仏《ぶつ》のご恩《おん》を思い、その徳《とく》に報《ほう》じたいと思って、浄土《じょうど》の教えの師である曇鸞和尚《どんらんかしょう》の注釈を開いてみたところ、そこにはこう語られている。「いったい、菩薩《ぼさつ》は、孝子《こうし》が父母《ぶも》に仕え、忠臣《ちゅうしん》が君《くん》・后《こう》に仕《つか》えて、挙措進退《きょしゃくしんたい》は自分勝手なふるまいに走ることなく、かならず理由があってするように、仏《ぶつ》に仕《つか》えるものである。ご恩《おん》を知り、徳に報《ほう》ずるには、理《り》として、まずこれを仏《ぶつ》に申しあげるのが当然であろう。また、世の人を救おうという菩薩《ぼさつ》の願いはけっして軽々しいものではないが、もし如来《にょらい》がその勝《すぐ》れた力をおかしくださらなければ、何によってこれを達成しようとするのであろうか。仏《ぶつ》の勝《すぐ》れたお力を乞《こ》うほかはない。だから、ここに仰《あお》いで申しあげる」以上。

だから、釈迦仏《しゃかぶつ》の真実のお言葉を信じ、祖師方のご注釈をひもといて、仏《ぶつ》のご恩《おん》の深いことを知ったその思いを、ここに「正信念仏偈《しょうしんねんぶつげ》」を作って述べたい。（訳文『石田瑞麿訳・親鸞全集』春秋社より）

《正信念仏偈《しょうしんねんぶつげ》》

別序《べつじょ》……信心《しんじん》を獲得《ぎゃくとく》する

「信巻《しんのまき》」三…①真実《しんじつ》の信心《しんじん》は自力《じりき》の信《しん》ではなく如来《にょらい》より回向《えこう》された他力《たりき》の信《しん》

（本願《ほんがん》第十八　念仏往生《ねんぶつおうじょう》の願《がん》）

②謗法《ほうぼう》と逆悪《ぎゃくあく》の救い

「証巻《しょうのまき》」四…往相回向《おうそうえこう》（教《きょう》・行《ぎょう》・信《しん》・証《しょう》）から還相回向《げんぞうえこう》へ

（本願《ほんがん》第十一　必至滅土《ひっしめつど》の願《がん》）　（本願《ほんがん》第二十二　還相回向《げんそうえこう》の願《がん》）

「真仏土巻《しんぶつどのまき》」五…真実の仏《ぶつ》と浄土《じょうど》の世界

（本願《ほんがん》第十二　光明無量《こうみょうむりょう》の願《がん》・第十三　寿命無量《じゅみょうむりょう》の願《がん》）

「化身土巻《けしんどのまき》」六……①方便《ほうべん》の教えと世界（『観無量寿経《かんむりょうじゅきょう》』・『阿弥陀経《あみだきょう》』）

（本願《ほんがん》第十九　修諸功徳《しゅしょくどく》の願《がん》・本願《ほんがん》第二十　植諸徳本《じきしょとくほん》の願《がん》）

②真《しん》・偽《ぎ》を見抜き、邪教への執心《しゅうしん》を誡《いまし》める

③時代と思想を批判（末法《まっぽう》・無戒名字《むかいみょうじ》・神祇不拝《じんぎふはい》・国王不礼《こくおうふらい》）

後序《ごじょ》……法難《ほうなん》と流罪《るざい》の記録／非僧非俗《ひそうひぞく》・愚禿《ぐとく》の名のり・著述の因縁

『正信偈《しょうしんげ》』に結晶された宗教心

それで、私はここに［偈前《げぜん》の文《もん》］真宗《しんしゅう》とは何か／正信偈《しょうしんげ》製作の理由、として引用しているように、「おおよそ誓願《せいがん》について、真実の行信《ぎょうしん》あり、また方便《ほうべん》の行信《ぎょうしん》あり」に始まり、「ここをもって知恩報徳《ちおんほうとく》のために宗師《しゅうし》の釈《しゃく》を披《ひら》きたるに言わく」でおさえて、曇鸞《どんらん》の文を引用したあと、「しかれば」で結論を述べて「正信念仏偈《しょうしんねんぶつげ》」を作るという、その全体を「まえがき（偈前《げぜん》の文《もん》）」として受けとめてみたいのです。

その内容は、まず前半に「真宗《しんしゅう》とは何か」を述べ、「恩《おん》に報《むく》いるとは」どういうことかを述べて「正信偈《しょうしんげ》を作る理由」を結論しています。それを要約すれば、次のようになります。

「阿弥陀仏《あみだぶつ》の誓《ちか》いと願《ねが》いには真実の行《ぎょう》と信《しん》がある。真実の行《ぎょう》は念仏《ねんぶつ》。真実の信《しん》は正信《しょうしん》。そして方便《ほうべん》としての行《ぎょう》と信《しん》がある。すべての人々が救われる真実の世界である浄土《じょうど》を明らかにしたのが『大無量寿経《だいむりょうじゅきょう》』で、ここに他力真宗《たりきしんしゅう》の心がある。

そのような願いが我々にかけられていたことを知らされて、その恩《おん》に報いる（報《しら》せる・応《こた》える）にはどうすればよいのか。

そのためには自分の勝手なはからいで動くのではなく、まずことの理由をはっきりとさせてから行うより他はない。

だから、私はここに釈尊《しゃくそん》へのまことの言葉をよりどころにして、念仏《ねんぶつ》を伝えてこられた方々の教えを読んで、はるかな仏《みほとけ》の恩《おん》の深さを信じうなずいて、ここに正信偈《しょうしんげ》を作ってその心を述べる」

そうすると、これは親鸞の『教行信証《きょうぎょうしんしょう》』全体を貫く宗教的精神を『正信偈《しょうしんげ》』という詩によって結晶化させているということがわかります。さらに、この「まえがき（偈前《げぜん》の文《もん》）」との関連で読むことによって、『正信偈《しょうしんげ》』が「行巻《ぎょうのまき》」と「信巻《しんのまき》」の間に位置していることの意義もより明らかになってきます。つまり、「真実の行《ぎょう》―念仏《ねんぶつ》」と「真実の信《しん》

—正信《しょうしん》」が、「信巻《しんのまき》」によって洞察され吟味されたのち、「方便《ほうべん》の行《ぎょう》と信《しん》」をも包み込んで批判し検討し、生かしていくことになるのです。

それは、『教行信証《きょうぎょうしんしょう》』の最後、「後序《ごじょ》」のあとにある二つの引用文および親鸞《しんらん》の言葉と交響しています。

（引用文1）

『安楽集《あんらくしゅう》』に云わく、真言《しんごん》を採《と》り集《あつ》めて、往益《おうやく》を助修《じょしゅう》せしむ。何となれば、前《さき》に生《う》まれん者《もの》は後《のち》を導《みちび》き、後《のち》に生まれん者《ひと》は前を訪《とぶら》え、連続無窮《れんぞくむぐう》にして、願わくは休止《くし》せざらしめんと欲《ほっ》す。無辺《むへん》の生死海《しょうじかい》を尽《つ》くさんがためのゆえなり、と。

（親鸞《しんらん》の言葉・自釈）

しかれば末代《まつだい》の道俗《どうぞく》、仰《あお》いで信敬《しんきょう》すべきなり。知るべし。

（引用文2）

『華厳経《けごんきょう》』（入法界品《にゅうほっかいぼん》）の偈《げ》に云うがごとし。もし菩薩《ぼさつ》、種種《しゅじゅ》の行《ぎょう》を修行《しゅぎょう》するを見て、善《ぜん》・不善《ふぜん》の心《しん》を起《お》こすことありとも、菩薩《ぼさつ》みな摂取《せっしゅ》せん、と。

（引用文1）は、真実の行《ぎょう》としての念仏《ねんぶつ》が現実の歴史の只中で開かれ、証《あかし》されつづけていくことを述べています。

（引用文2）は、その行《ぎょう》に参加し、たえずその根元《こんげん》に立ちかえって憶《おも》いつづけていく信《しん》のはたらきを表わしています。

その「行《ぎょう》・信《しん》」をつないでいるのが（親鸞《しんらん》の言葉）で、それは『正信偈《しょうしんげ》』の結びにある一行二句と対応しています。

道俗時衆《どうぞくじしゅう》、共《とも》に同心《どうしん》に、ただこの高僧《こうそう》の説《せつ》を信《しん》ずべし、と。

真実の行《ぎょう》・信《しん》すなわち念仏《ねんぶつ》と信心《しんじん》は、地上に現れたあらゆる行動と思想、理論と実践とけっして無関係ではなく、「無辺《むへん》の生死海《しょうじかい》を尽《つく》さんがため」という純粋な意欲を生み出しつづけていくのです。

また、法蔵菩薩《ほうぞうぼさつ》の名のりとして表現された本願《ほんがん》の心は、人間の宗教心の善《ぜん》・不善《ふぜん》のあり方をも摂取《せっしゅ》し、関わりつづけてゆく、そのことをいのちとしているのです。

このような意味から、私は『正信偈《しょうしんげ》』を『教行信証《きょうぎょうしんしょう》』全体の構造において位置づけ、より総合的な「まえがき（偈前《げぜん》の文《もん》）」とともに把握しておきたかったのです。

親鸞の浄土讃歌

帰命無量寿如来　無量寿如来《むりょうじゅにょらい》に帰命《きみょう》し、
南無不可思議光　不可思議光《ふかしぎこう》に南無《なむ》したてまつる。

（意訳）
永遠《えいえん》の仏《みほとけ》よ　あなたの呼《よ》び声《こえ》に私は目覚《めざ》め
量《はか》りしれない寿《いのち》に立《た》ち帰《かえ》り
思い　はかれない光《ひかり》に敬《うやま》いを捧《ささ》げます。

帰命無量寿如来《きみょうむりょうじゅにょらい》　南無不可思議光《なむふかしぎこう》
ふるさとを離れて、ひとは都会へ出て来た。ひとはその雑踏《ざっとう》のなかで自分を見失った。
そしてまたひとはふるさとへ帰ろうとする。

それにしても、見失った自分とは何だろうか。ほんとうに自分は見失われたのか。わが胸のここには何が息づいているのか。

過去と断絶し、ぜったいの孤独のなかに生きるひと、そのひとが自分をふと取り戻すのは歌である。つぶやきでもいい。歌の一節が洩《も》れるとき、ひとは見失った自分を思い出す。（多田道太郎）

語り継がれる童謡《どうよう》もあれば、底のほうで呻《うめ》き声をあげる童謡もある。短い詩の中に、諧謔《かいぎゃく》もあれば怒りもあり、哀切《あいせつ》さも、怨《うら》みもあるのが童謡だろう。「茶壺《ちゃつぼ》におわれてとっぴんしゃん」と木曽路《きそじ》の子どもが歌った抵抗の精神が童謡の源流であろう。（藤本義一）

映画に主題歌があるように、人の一生にもそれぞれ主題歌があるのではないのだろうか。そして、それを思いだして唄ってみるときに、人はいつでも原点に立ち戻り、人生のやり直しがきくようなカタルシスを味わうのではないだろうか。（寺山修司）

（寺山修司編著『日本童謡集』より）

これらの文は童謡について書かれたものだが、私にはまるで「念仏《ねんぶつ》」のことをいっているように思える。「帰命無量寿如来《きみょうむりょうじゅにょらい》」にはじまる『正信偈《しょうしんげ》』は、親鸞《しんらん》による生命の讃歌《さんか》である。それは見失った自分を思い出すうたである。そこには抵抗の精神が語り継がれてきた。それを思い出して唄ってみるとき人は原点に立ち戻り人生を見直すことができる。

唄を忘れた金糸雀《かなりや》は
象牙《ぞうげ》の船に銀の櫂《かい》
月夜の海に浮かべれば
忘れた唄をおもいだす（西条八十作詞「かなりや」）

この童謡は私にささやきかける。「あなたは念仏《ねんぶつ》を忘れたひとになってはいませんか」と。そして小さな声で「なむあみだぶつ」「きみょうむりょうじゅにょらい」とつぶやいて耳を澄ましてみると、遠くから確かに響いてくるものがある。

仏教讃歌としての正信偈

まず、『正信偈《しょうしんげ》』の「偈《げ》」とはどんな意味でしょうか。それは「偈頌《げじゅ》」ともいい、詩や歌のことです。とくに仏《みほとけ》の教えや、仏《ぶつ》・菩薩《ぼさつ》の徳《とく》を讃《たた》えることを偈というのです。つまり仏教讃歌《ぶっきょうさんか》です。

「正信《しょうしん》」とは、傍《ぼう》や邪《じゃ》や雑《ぞう》でないのが正《しょう》で、疑いや行でないのが信《しん》だと言われていますが、私なりに要約して言えば、「真実の心・なむあみだぶつ」という意味です。

『正信偈』は七言百二十行で書かれています。これはおそらく中国浄土教の祖師善導《ぜんどう》が著わした『往生礼讃《おうじょうらいさん》』という漢詩による偈にならったものと思われます。

『往生礼讃』には次のような文句があります。

人、生ある時に精進《しょうじん》せずば、たとえば根なき樹《き》のごとし、花を採《と》りて日中に置くに、いくばくの時にか鮮やかなることを得ん。人命またかくのごとし、無常《むじょう》は須臾《しゅゆ》の間なり。諸々《もろもろ》の行道《ぎょうどう》の者に勧《すす》む、勤修《ごんしゅう》してすなわち真に至りたまえと。

南無《なむ》至心《ししん》帰命礼《きみょうらい》　西方《さいほう》阿弥陀仏《あみだぶつ》

この言葉に励まされて、私もまたアジアの大地を海を越えて伝承されてきた魂の言葉「なむあみだぶつ」を称えて、いのちの重さ、広さ、深さにふれて生きてゆきたいという意欲が湧いてくるのです。

親鸞は南無阿弥陀仏《なむあみだぶつ》の六字の名号を、「帰命無量寿如来《きみょうむりょうじゅにょらい》　南無不可思議光《なむふかしぎこう》」という二句によって開き、その意《こころ》を明らかにしました。

帰命《きみょう》

「南無《なむ》」と言うは、すなわちこれ帰命《きみょう》なり、またこれ発願回向《ほつがんえこう》の義《ぎ》なり。「阿弥陀仏《あみだぶつ》」と言うは、すなわちこれ、その行なり。（善導著『観経四帖疏』「玄義分」）

（帰命《きみょう》とは、仏《ほとけ》が誓いを立てて、それを回《めぐ》らし、さしむけるという意味です。その願いの行《ぎょう》を阿弥陀仏《あみだぶつ》というのです）

これをうけて親鸞は次のように言います。

「帰命《きみょう》は本願招喚《ほんがんしょうかん》の勅命《ちょくめい》なり」

つまり、如来が、私の世界へやって来なさいと、私たちを招《まね》き命じていることだと。

世の中にはさまざまな呼びかけ、命令があります。「勅命《ちょくめい》」とは、ふつう王様の命令をさします。王様は地上を支配する権威と権力を持っているので誰もその命令を拒むことはできませんでした。しかし、人々は命令に従いはするものの、それはやむなく屈服させられているだけで、決して心からよろこんで服従しているわけではありませんでした。

でも、本願は「あらゆるいのちあるものと共に生きよう」という呼びかけです。それは地上のいかなる勅命よりも、もっと身も心もあげてよろこんでうなずき、応じ、ついて行けるような、まさに根源的な「いのち」のうながしです。

神々の罰《ばち》をおそれ、悪魔や霊に脅《おど》かされながら、我と我欲を満たそうとして狭い殻に閉じこもり、「いのち」を蔽《おお》われて生きている者が、本願に出会うとき、そのとらわれから解き放たれていくのです。その叫びこそ「なむあみだぶつ」なのです。

南《な》無《む》

南無《なむ》はサンスクリット語のナモ・ナマスを漢字で音写して原音の響きを伝えようとするもの。たとえば、インドを印度、アメリカを亜米利加と音写するようなもの。

南無は、「私は帰依《きえ》します。敬いを捧げます」という意味です。蓮如《れんにょ》は「たのむ」と説明しますが、それは当てにしたり、依頼するというのではなく、自分の心を投げ出しておまかせするという意味なのです。

無量寿如来《むりょうじゅにょらい》

阿弥陀仏《あみだぶつ》のことです。サンスクリット語のアミターユスを音写して阿弥陀《あみだ》といい、その意味は無量寿《むりょうじゅ》＝量《はか》り知れない寿《いのち》、はてしないいのちである一如《いちにょ》の世界（色も形もないけれど、たしかにある世界）から現われ、私たちの現実にまでやって来た人なので「如来《にょらい》」

というのです。それは永遠の仏《みほとけ》という意味でもあります。

永遠といっても、無限のエネルギーをもった電池みたいな話ではありません。この世に迷い苦しみ悩む人々がある限り、その中から起ち上がり、迷いを縁として目覚めさせる如来の本願のはたらきかけ、その願いは終わりのない歩みであるという意味なのです。

「無量寿の量とは、質量という量ではなく、むしろ分別《ふんべつ》をさします。思量《しりょう》するという。……すなわち人間の分別・思量する作用を否定する大いなる働き、それを阿弥陀と呼ぶのです」(畑辺初代)

不可思議光《ふかしぎこう》

だから不可思議光《ふかしぎこう》ともいわれるのでしょう。それは不思議な、奇妙なという意味ではありません。人間の思慮《しりょ》・分別《ふんべつ》では計ることのできない光のことです。あれこれと迷っている私たちの心の闇が晴れたときに、目の前がパッと明るくなるような光です。

だから迷うことも大事です。問題は何に迷っているかに気づくことです。

病気、不幸、災難が続き、何をやってもうまくいかない時、人はしばしば占いにたよったり、霊能者のお告げにすがって先祖の霊がとりついて祟っているのだと思いこんだりします。いつの時代もそれが流行します。それは別の見方をすれば、いつでも誰かに指図してもらわないと何事もできないということです。人の目を気にし、世間に合わせて、自分で決断できず、そのくせ自分の思い通りにしてもらおうという都合のいい注文だけはしっかり持っている心です。

その自分の愚かさに気がついて、自分を問い、疑うことが、迷いを転じて救いにしていける第一歩です。そこから自分の心の声、本音《ほんね》を聞いて素直にうなずき、その本音に呼びかけている仏《みほとけ》の呼び声＝本願《ほんがん》を聞いてゆけるのです。

だから、帰命《きみょう》し、南無《なむ》するとは、大きないのちの世界を言葉であらわす「なむあみだぶつ」の心をたずねて、その言葉にまでなった深いいわれをよく聞き分けることなのです。聞くことこそが、信じてまかせるという確かな救いなのです。

永遠《えいえん》なるもの

花びらは散っても花は散らない。形はほろびても人は死なぬ。

永遠は、現在の深みにありて未来にかがやき、常住《じょうじゅう》は、生死《しょうじ》の彼岸《ひがん》にありて生死《しょうじ》を照らす光となる。

その永遠の光を感ずるものは、ただ念仏《ねんぶつ》である。

この言葉は、金子大榮《かねこだいえい》師が『意訳歎異抄《いやくたんにしょう》』（一九四八年発行）で第四章のこころを翻訳《ほんやく》したものです。

金子師の作品には「永遠」という表現がしばしば用いられます。私は仏教に出会いはじめたころには米沢英雄《よねざわひでお》師の講演・著述とともに金子大榮師の講演・著述にも接する機会に恵まれたので、どこか心の奥底にこのお二人の肉声や言葉づかいが刻み込まれているのだと思います。

金子師の言葉で、もう一つ忘れることができないのは『仏教の人間像』（一九六四年・全国青少年教化協議会発行）という本で「青少幼年よこうあってほしい」というアンケートが各界の人から寄せられていた中で、さりげなく書かれていたものです。大半の人が説教じみたことを述べているのに対して、思わず微笑《ほほえ》みたくなるような柔軟な、これがお念仏なのかと感じるような簡潔明晰《かんけつめいせき》な言葉です。

僧侶　金子大榮（男　八三）

青……愛読する古典をもつこと。

少……自然に親しみ永遠なるものを思慕《しぼ》すること。

幼……おはよう、おやすみを忘れぬように。

最後に、金子大榮師の歌を紹介します。これは大谷派《おおたには》最賢寺《さいけんじ》の寺報「値遇《ちぐう》」（一九九六年）で「没後二〇年・金子大榮遺稿・遺墨展」の記念講演講師の永尾雄二郎《ながおゆうじろう》氏が解説した歌として掲載されていたものです。

思い出は影《かげ》の如《ごと》くに現《あらわ》れて永遠《とわ》のありかを告げて消えゆく

私はこのように表現してこられた金子大榮《かねこだいえい》師の心にはとてもたどりつけませんが、せめてその言葉を活《い》かしたいという思いから「無量寿如来《むりょうじゅにょらい》」を「永遠《えいえん》の仏《みほとけ》」と意訳しました。それは「久遠実成阿弥陀仏《くおんじつじょうあみだぶつ》」とうたわれた親鸞《しんらん》の『浄土和讃《じょうどわさん》』への想念でもあります。

この世に苦悩する人、迷いの人々があるかぎり、生死《しょうじ》するいのちの営みが続いているかぎり、その解脱《げだつ》と往生《おうじょう》を誓《ちか》い願われた阿弥陀仏《あみだぶつ》のはたらきもまた終りのない歩みとして永遠に生きつづけます。その仏《みほとけ》の願いにおける「永遠なるもの」を現してみました。

また仏教讃歌『正信讃《しょうしんさん》』でも「とわなるみほとけ　たえなるみひかり」と意訳されておりましたことも参考にいたしました。

阿弥陀仏のものがたり

法蔵菩薩因位時
在世自在王仏所
観見諸仏浄土因
国土人天之善悪
建立無上殊勝願
超発希有大弘誓
五劫思惟之摂受
重誓名声聞十方

法蔵菩薩《ほうぞうぼさつ》の因位《いんに》の時《とき》、
世自在王仏《せじざいおうぶつ》の所《みもと》にましまして、
諸仏《しょぶつ》の浄土《じょうど》の因《いん》、
国土人天《こくどにんでん》の善悪《ぜんあく》を観見《とけん》して、
無上殊勝《むじょうしゅしょう》の願《がん》を建立《こんりゅう》し、
希有《けう》の大弘誓《だいぐぜい》を超発《ちょうほつ》せり。
五劫《ごこう》、これを思惟《しまゆい》して摂受《しょうじゅ》す。
重《かさ》ねて誓《ちか》うらくは、名声《みょうしょう》十方《じっぽう》に聞《き》こえんと。

(意訳)

法蔵菩薩《ほうぞうぼさつ》、それは昔、国と王位をすてて、

道を求めておられたころの、あなたの名《な》。
あなたは、世自在王仏《よじざいおうぶつ》という師《し》におつかえし、
仏《みほとけ》たちの世界の成り立ちと、
国と人とのありさまを見きわめて、
みずから浄《きよ》らかな国土《こくど》を建《た》てようという、すばらしい願《ねが》いを打ち立て、
あらゆるいのちあるものと共《とも》に生きよう　という
かつてない誓《ちか》いをおこされました。
はるかに長い時間《とき》をかけて、思いを深め、
数多くの願《ねが》いを選《えら》びとり、
そのこころをみずからの名《な》のりにおさめ、
どうか、私の名《な》と　そのいわれを
よく聞き分けてくださいと　願《ねが》い成就《じょうじゅ》の誓《ちか》いをこめて
十方《じっぽう》の世界に呼びかけました。

人生の光と熱

『正信偈《しょうしんげ》』のはじまりの二句は、人類の歴史を流れるあらゆる「いのちあるもの」と共に生きたいという願いです。それは差別と暴力の渦巻くこの世界に生きる者の、魂の奥に息づいている、本当の自由と平等と平和を願う、解放への祈りなのです。

その願いは、幾多の時代の移り変わりの中で、時には釈尊《しゃくそん》や親鸞《しんらん》の精神に背くような寺や教団のあり方をしながらも、あたかも民衆の大地にしみこむ地下水のように脈々と流れてきたのです。

その願いが大地から噴き出し、泉のように湧き溢れてきた出来事が日本の近代に起こりました。今から七十七年前、一九二四年三月三日に発表された「水平社宣言」がそれです。

「人《ひと》の世《よ》の冷《つめ》たさが、何《ど》んなに冷《つめ》たいか、人間《にんげん》を勦《いたわ》る事《こと》が何《な》んであるかをよく知《し》ってゐる吾々《われわれ》は、心《こころ》から人生《じんせい》の熱《ねつ》と光《ひかり》を願求礼讃《ぐわんぐらいさん》するものである。

水平社《すいへいしゃ》はかくして生《うま》れた。人《ひと》の世《よ》に熱《ねつ》あれ、人間《にんげん》に光《ひかり》あれ」

それはまさに「夜明け」の「よき日の晨朝礼讃《じんじょうらいさん》を勤行《ごんぎょう》するのだ」(「よき日のために」水平社創立趣意書)ということになるのでしょう。

出会い

これから始まる法蔵菩薩《ほうぞうぼさつ》の話は、私たちの人生にとって「出会いとは何か」ということを物語るものです。

インドの釈尊《しゃくそん》（シャカ＝ブッダ）は、この世の非常なる現実との遭遇《そうぐう》と、一人の沙門《しゃもん》（修行者）との出会いがきっかけになって国を棄《す》てて王子の位をすてて道を求める旅に出ました。

『大無量寿経《だいむりょうじゅきょう》』（永遠の寿《いのち》の物語）では、釈尊《しゃくそん》が世に現われるより以前に、「いのち」の源を問いたずねて終わりのない歩みをしはじめた人がいたことが語られています。

それこそ、法蔵菩薩《ほうぞうぼさつ》その人なのです。それは、およそこんな物語です。

法蔵菩薩因位時《ほうぞうぼさついんにじ》　在世自在王仏所《ざいせじざいおうぶっしょ》

遠い過去、はるかな昔に一人の王様がいました。王様は権力と栄誉の頂点に立ち、何不自由ない暮らしをしているはずでした。

でも、王様には大きな悩みがあったのです。それは「私はどこから生まれてきたのか、何のために生きるのか、どこへ行くのか」という謎が解けないことでした。

いろんな賢い人たちが王様に答えを教えましたが、王様はどの答えにも満足することができませんでした。それどころか、いよいよ悩みは深まり、この謎が解けないかぎり、生きていてもむなしい、死ぬにも死にきれないという大きな不安におそわれたのです。

ある時、王様は「世界で一番自由自在に生きる王者と名のる仏《ぶつ》（ブッダ＝目覚めた人）」の噂を聞き、その人を探して会いに行きました。その人は、自分の着物さえ持っておらず、ボロを身にまとい、小さな鉢を一つ持っているだけでした。それでいて、「世界で一番自由自在に生きる王者」だというのです。

その人は、澄んだ目で王様を見つめて、静かに話し始めました。

「人はみな、迷いから目覚《めざ》めて仏《ぶつ》（ブッダ）に成るために生まれてきたのです。どんな人も、深くて広く重い、いのちの世界から生まれて、それぞれに大きな役割をもち、大切な使命を与えられて生きているのです」

それは今までに聞いたことのない言葉でした。王様は深い喜びに包まれ、自分も仏《ぶつ》に成りたいという志《こころざし》を起こし、すぐに国を棄《す》て王位をすてて、その人の弟子になり、法蔵比《ほうぞうび》丘《く》と名のったのです。

「法蔵菩薩因位《ほうぞうぼさついんに》の時」の「因位《いんに》」とは、菩薩《ぼさつ》が仏《ぶつ》に成るための修行期間の地位のことです。阿弥陀仏《あみだぶつ》の因位《いんに》が法蔵菩薩《ほうぞうぼさつ》です。

法蔵《ほうぞう》の名のり

法蔵《ほうぞう》（ダルマーカラ）とは、迷いの経験（諸法《しょほう》＝ブハーバ）も、真理に目覚める可能性（仏法《ぶっぽう》＝ダルマ）も、すべてを内蔵しているという存在という意味です。

それは人間一人ひとりのことでもあります。私たちは、はかりしれない数限りない祖先たちの「いのち」の歴史を我が身と心に引き継いで、今ここに生きています。

そして、生きているということは迷い悩み苦しむ存在であるとともに、真理に目覚めて迷いや束縛から解き放たれていく存在なのだという、生きることの意義を明らかにするなのりが法蔵《ほうぞう》という名なのです。

菩薩《ぼさつ》の道

法蔵《ほうぞう》はしかし、自分だけが救われてさとりすましているだけでは満足できませんでした。この世を見据《みす》えると、人々がみな迷い、病み、傷つけあって生きている現実を放っておけなくなったのです。それは「世界がぜんたい幸福にならないかぎり個人の幸福はありえない」（宮澤賢治）という発見でした。

このように、身に余る大きな課題をもって生きようとする人を「菩薩《ぼさつ》（ボーディサットトヴァ）」といいます。

菩薩《ぼさつ》とは、菩提《ぼだい》（ボーディ＝さとり、覚）と薩埵《さった》（サットヴァ＝存在、衆生、有情、いのちあるもの）という二つの言葉が結びついた言葉です。

菩薩《ぼさつ》はまた、僧《そう》ではない、在家《ざいけ》の人で、釈尊入滅後《にゅうめつご》その骨を埋めた仏塔を礼拝していた人たちの名でもあります。そういう自由な仏教者の生き方が、観音菩薩《かんのんぼさつ》や勢至菩薩《せいしぼさつ》、普《ふ》賢菩薩《げんぼさつ》、文殊菩薩《もんじゅぼさつ》、弥勒菩薩《みろくぼさつ》などという菩薩《ぼさつ》的人間像を生み出していきました。

このような菩薩《ぼさつ》たちによって大乗仏教のお経、――般若経《はんにゃきょう》や法華経《ほけきょう》、大無量寿経《だいむりょうじゅきょう》、華《け》厳経《ごんきょう》、大日経《だいにちきょう》などが製作、編纂されていったのです。

菩薩《ぼさつ》の誓願《せいがん》

すべての菩薩《ぼさつ》には、共通する大きな課題というか、志願があります。菩薩の総願《そうがん》と呼ばれる「四弘誓願《しぐぜいがん》」です。

衆生無辺誓願度《しゅじょうむへんせいがんど》……数限りない人々を済度《さいど》しよう。
煩悩無数誓願断《ぼんのうむしゅせいがんだん》……尽《つ》きることない煩悩《ぼんのう》を断《だん》じよう。
法門無量誓願学《ほうもんむりょうせいがんがく》……量《はか》りしれない仏法《ぶっぽう》を学びとろう。

仏道《ぶつどう》無上《むじょう》誓願《せいがん》成《じょう》……仏《ぶつ》の無上《むじょう》のさとりを成就《じょうじゅ》したい。

しかし、法蔵《ほうぞう》菩薩《ぼさつ》は、さらに別願《べつがん》と呼ばれる独自の誓願《せいがん》を四十八願《しじゅうはちがん》（伝えによれば二十四願、三十六願ともいう）起こしたのです。

心願《しんがん》の国・浄土《じょうど》の建立《こんりゅう》

法蔵《ほうぞう》菩薩《ぼさつ》は、その師に質問します。

「どうか教えてください。あらゆるいのちあるものと共に生きる清浄《しょうじょう》な国土を厳《おごそ》かに整《ととの》えるにはどうすればいいのでしょうか」

師の世自在王仏《せじざいおうぶつ》は容易に教えてくれません。

「それはあなたが自分で知るべきことだ」

法蔵《ほうぞう》はさらに問います。

「とても私の思いだけでは知ることができません。どうか教えてください。すでに目覚めた人々（諸仏《しょぶつ》）は、どのような願いと行いによってそれぞれのすばらしい国土を完成させたのかを知りたいのです」（浄土因《じょうどいん》）

師は、法蔵《ほうぞう》の願いの大きさに心うたれて法蔵《ほうぞう》を激励し、二百一十億もの諸仏《しょぶつ》の国土や、そこに住む神々や人々のありさまを、善・悪ことごとく説きあかしたのです。

観見諸仏浄土因《とけんしょぶつじょうどいん》　国土人天之善悪《こくどにんでんしぜんあく》　建立無上殊勝願《こんりゅうむじょうしゅしょうがん》　超発希有大弘誓《ちょうほっけうだいぐせい》　五劫思惟《ごこうしゆい》之摂受《ししょうじゅ》　重誓名声聞十方《じゅうせいみょうしょうもんじっぽう》

それらをよく観察し、見極《みきわ》めた（観見《とけん》）法蔵《ほうぞう》は、いよいよこの迷い多い生死《しょうじ》の現実が痛ましくなり、共に生きたいと願う者すべてが生まれることのできる極楽《ごくらく》という浄土《じょうど》、安楽《あんらく》の国土を建立しようという、この上ないすばらしい願いを打ち立てました（建立無上殊《こんりゅうむじょうしゅ》勝願《しょうがん》）。

そして、もしこの願いが成就されなかったならば、私も永遠にさとらない、仏《ぶつ》にはなるまい、といういまだかつてない大きな弘《ひろ》い誓《ちか》いを起こしたのです（超発希有大弘誓《ちょうほっけうだいぐせい》）。

法蔵菩薩《ほうぞうぼさつ》の本願《ほんがん》

法蔵菩薩《ほうぞうぼさつ》は、浄土《じょうど》を建てる願いの第一番目に「わたしの国は、地獄《じごく》・餓鬼《がき》・畜生《ちくしょう》と呼ばれるあり方、すなわち戦争と貧困と、差別や支配による束縛《そくばく》のない世界にしたい」ということを掲げました。

そうして、願いは次々と解放への祈りに呼応《こおう》し、四十八願へと展開していきました。

その中でも、「わたしは、世界のどこかで、誰か苦しみ悩む人が、仏に成ったわたしの名前を呼んだなら、いつでもその人のところへとんでいって友達になります」という願いは、他の諸仏からもほめたたえられました。

これが法蔵菩薩《ほうぞうぼさつ》の本願《ほんがん》です。それは、いわば「心願《しんがん》の国《くに》・浄土《じょうど》」を成り立たせている四十八条の憲法といえます。あるいは、真の自由と平等と平和を求めて生きる者が共に学び合う「解放の学校（ジョード・スクール）」の建学の精神であり、入学案内、校則、授業内容のようなものといってもいいでしょう。

五劫思惟《ごこうしゆい》する

その願いは、仏教における「五劫《ごこう》」、世界が生成《せいせい》し、破壊を繰り返し、また生成するというような、気の遠くなるようなはるかに長い時間《とき》を経《へ》て思い続けられ、深め、練《ね》り上げられていきました。

そして、限りない浄土の中から善と悪、広さ、深さなどを選び捨てて、本願《ほんがん》を洗練《せんれん》し、ついにその心を自らの名のりに摂《おさ》め取《と》って、重ねて、全宇宙（十方の世界）に向かって次のように宣言したのです。

「仏《ぶつ》としてのわたしの名前、阿弥陀仏《あみだぶつ》のいわれをよく聞き分けて、わたしの名を呼んでください。貧しさに苦しむ人よ、わたしの声が聞こえますか。わたしの名を称《とな》えてください。わたしは決してあなたを見捨てないで、あなたと共に生き、あなたをわたしのいのちといたします。十方世界の人々よ、わたしを呼ぶときには、南無阿弥陀仏《なむあみだぶつ》と称《とな》えてください」
（重誓名声聞十方《じゅうせいみょうしょうもんじっぽう》）

こうして、みずからの生の謎を解き、生きることの意義に目覚めた人は、解放し、解放され続けていくことを願って、終わりのない歩みを始めたのです。その願いは世の光となって永遠に人々の心に生きつづけているのです。現在《いま》もなお、ここに。

普放無量無辺光
無碍無対光炎王
清浄歓喜智慧光
不断難思無称光
超日月光照塵刹
一切群生蒙光照

あまねく、無量《むりょう》・無辺光《むへんこう》
無碍《むげ》・無対《むたい》・光炎王《こうえんのう》、
清浄《しょうじょう》・歓喜《かんぎ》・智慧光《ちえこう》、
不断《ふだん》・難思《なんし》・無称光《むしょうこう》、
超日月光《ちょうにちげっこう》を放《はな》って、塵刹《じんせつ》を照《て》らす。
一切《いっさい》の群生《ぐんじょう》、光照《こうしょう》を蒙《かぶ》る。

(意訳)

あなたの名《な》は、世《よ》にあまねく光《ひかり》を放《はな》ち、
はかりなく、はてしなく
さまたげなく、ならびなく、
炎《ほのお》のように燃《も》え
清らかさ、よろこび、深《ふか》い智慧《ちえ》を輝《かがや》かせ、
たえることなく、思《おも》いや言葉《ことば》では尽《つ》くせない光《ひかり》は、
日月《にちげつ》よりも明るく、世のすみずみを照《て》らし、

あらゆるいのちがその光の恵《めぐ》みにあずかるのです。

人生の光と闇

法蔵菩薩《ほうぞうぼさつ》の願いは成就《じょうじゅ》し、いまや永遠の仏《みほとけ》・阿弥陀仏《あみだぶつ》と成《な》ったその本願《ほんがん》の浄土《じょうど》は、世の光となって、普《あまね》くこの世の闇を照らすはたらきをしています。そのはたらきが十二の光の名としてあらわされているのです。

人類の歴史は、手を使い、手の延長として道具を使い、火を起こし守ることによって文化を生み出してきたといわれます。それは闇をおそれ光を求め続けてきた歩みであったともいえるでしょう。

ここにあげられる十二の光には、その一つひとつに私たちの祖先が闇を晴らそうとしてやまなかった物語があるように思えるのです。だから光の名のそれぞれに闇の深さを感じずにはいられません。それはまた、今を生きる私自身の闇でもあるのです。

親鸞《しんらん》は、十二の光ごとにあてて『浄土和讃《じょうどわさん》』を著わしています。『正信偈《しょうしんげ》』の勤行《ごんぎょう》で念仏《ねんぶつ》・和讃《わさん》の初めにはまず「弥陀成仏《みだじょうぶつ》のこのかたは」と、阿弥陀仏《あみだぶつ》の成仏《じょうぶつ》をほめたたえ、はるかな時を経てなお際限なく世の闇を照らし続ける本願《ほんがん》の光があることを知らせます。

そして、次からは十二の光とそのはたらき、光を求める人の世の闇の姿をうたっていくのです。

十二の光

一、「智慧《ちえ》の光明《こうみょう》はかりなし」（無量光《むりょうこう》）有限《ゆうげん》の人生を生きるすべての人々の姿を照らす光。

二、「解脱《げだつ》の光輪《こうりん》きわもなし」（無辺光《むへんこう》）いかに平等を作っても所有欲に陥《おちい》る姿を映《うつ》し出す覚《さと》りの光。

三、「光雲無碍如虚空《こううんむげにょこくう》」（無碍光《むげこう》）自由を求めてなお壁を作り出す姿に、自在な心を教える光。

四、「清浄光明《しょうじょうこうみょう》ならびなし」（無対光《むたいこう》）どこまでも束縛を離れられない姿に、比較する必要のない世界を見せる光。

五、「仏光照耀最第一《ぶっこうしょうようさいだいいち》」（光炎王《こうえんのう》）人間性を失わせるような煩悩に燃える姿をも包む炎のような光。

六、「道光明朗超絶《どうこうめいろうちょうぜつ》せり」（清浄光《しょうじょうこう》）あらゆることをするのに動機が不純な欲心に支配される姿を破る光。

七、「慈光《じこう》はるかにかむらしめ」(歓喜光《かんぎこう》)憎しみや怒りにかりたてられて本心を失う姿を解《と》きほぐす光。

八、「無明《むみょう》の闇《あん》を破《は》するゆえ」(智慧《ちえ》光)自分でも何をしているのかわからないまま煩悩《ぼんのう》に動かされている姿を破る光。

九、「光明《こうみょう》てらしてたえざれば」(不断光《ふだんこう》)何をしてもいつも不徹底な生活をする姿に生きる課題を与え続ける光。

十、「仏光測量《ぶっこうしきりょう》なきゆえに」(難思光《なんしこう》)どれだけ分かっても、なお知り尽くせない世界があることを教える光。

十一、「神光《じんこう》の離相《りそう》をとかざれば」(無称光《むしょうこう》)どんなに表現しようとしても説明しきれない心を如何に、と問い続ける光。

十二、「光明月日《こうみょうつきひ》に勝過《しょうが》して」(超日月光《ちょうにちげっこう》)夜の闇におびえて光を求め、心の闇をおそれて光を求める姿に対して、昼夜なく、内外なく闇を破り開いていく光。

(和讃の原文は『真宗聖典』四七九頁から四八〇頁参照)

原初の光

話は変わりますが、グスタフ・マーラー（一八六〇〜一九一一）が作曲した交響曲第二番「復活」には「原初の光」という歌が出てきます。

おお赤き薔薇《ばら》よ　果《は》てしのない労苦の中に人間は臥《ふ》している　果てしのない苦悩の中に人間は臥している　それだから天国に行きたいのだ　それだから私は遠い道を歩いてきたのだ　（中略）　愛する神は私に明かりを手渡して　永遠に至福な生命へと私を導いてくれるだろう

この音楽はマーラー自身が「この世の生とは何か、死とは何か……」を問い続ける営みの中から創作されたものだといわれます。そこには生きる意味としての光を求めてやまない人間の思索と苦悩の姿がみごとに描かれています。彼の音楽はキリスト教的な世界だけでなく、中国の詩人（李白、銭起、孟浩然、王維）の東洋思想の世界にも向けられています。交響曲「大地の歌」がそれです。

光と闇の関係こそ、あらゆる宗教、芸術を生み出す生と死の対話といえるでしょう。

本願名号正定業
至心信楽願為因
成等覚証大涅槃
必至滅度願成就

本願《ほんがん》の名号《みょうごう》は正定《しょうじょう》の業《ごう》なり。
至心信楽《ししんしんぎょう》の願《がん》を因《いん》とす。
等覚《とうがく》を成《な》り、大涅槃《だいねはん》を証《しょう》することは、
必至滅度《ひっしめつど》の願成就《がんじょうじゅ》なり。

（意訳）

こうしてあなたは　願《ねが》いの国　浄土《じょうど》の　永遠《えいえん》の仏《みほとけ》、阿弥陀仏《あみだぶつ》と成《な》られ、その名《な》のりは
南無阿弥陀仏《なむあみだぶつ》という真実《しんじつ》の言葉《ことば》となり、
その言葉は人が生《い》きて往《ゆ》く方向を正しく定《さだ》めるしごとをしています。
あなたのまごころは
いのちの根源にはたらきかけ、
私に　まことのこころを、おこさせます。
私が生きることの意味に目覚《めざ》めて、
さとることができるとしたら、
それは、〈かならずさとりに至《いた》らせる〉という、

あなたの願《ねが》いが成就《じょうじゅ》しているからなのです。

願い・国土・名・言葉

ここに如来《にょらい》の本願《ほんがん》が三つうたわれています。

一、本願名号正定業《ほんがんみょうごうしょうじょうごう》

これは第十七願です。世界中のみほとけたちが私を称讃《しょうさん》し、南無阿弥陀仏《なむあみだぶつ》となった私の名前を呼んでくれますように。

一、至心信楽願為因《ししんしんぎょうがんにいん》

これは第十八願です。すべての衆生《しゅじょう》が、純粋な心・喜びとねがい・生まれようとする意欲を成就して私の国・浄土《じょうど》へ生まれることができますように。

一、成等覚証大涅槃《じょうとうがくしょうだいねはん》　必至滅度願成就《ひっしめつどがんじょうじゅ》

これは第十一願です。私の国に生まれた人たちがめざめた人々と共に生き、必ず大きなさとりに至りますように。

涅槃《ねはん》とは原語ニルヴァーナにあてた訳語で、滅度《めつど》（あらゆる迷いのもとを滅《ほろ》ぼして、生《しょう》死《じ》の苦海《くかい》を渡《わた》る）というのです。大涅槃《だいねはん》、それは自分一人の個人的な悩みの解決ではなく、一人のめざめが万人《ばんにん》のめざめとなり、独りのさとりが一切衆生《いっさいしゅじょう》（あらゆるいのちあるもの）の救《すく》いとなるような仏《ぶつ》のさとりを意味する言葉です。

このように、法蔵菩薩《ほうぞうぼさつ》の願いは、あらゆるいのちあるものと共に生きる新しい世界を仏《ぶつ》国土《こくど》＝浄土《じょうど》として建立《こんりゅう》しました。

さらにその国土のはたらきをあらわす阿弥陀仏《あみだぶつ》という名の如来《にょらい》として成仏《じょうぶつ》し、その名はすべてのいのちに呼応して南無阿弥陀仏《なむあみだぶつ》という言葉となったのです。

不安と不満

私たちは生きているかぎり、たえず現状に対する不満を抱えています。自分のおかれたあり方、対人関係、能力、持ち物などに満足できないのです。

宗教はしばしば、そういう不満だらけの私たちに「足るを知ること」を説いてきました。不満を起こすもとにある欲望、煩悩を捨てよと。

しかし、欲望をいちがいに悪いと決めつけるだけでは本当の解決にはなりません。欲望もその質が吟味され、方向が転じられたら「意欲」に変わるからです。不満という形で表に現れているもとには、生きることへのより根源的な欲求、つまり、本当に生きているという実感がほしい、という心がはたらいているのです。だから、不満を解消するだけではすまない問題が底にあるのです。

それは不安という問題です。生きることへの不安は、むなしさという形で現れます。「何のために生まれてきたのか」「どこから来て、どこへゆくのか」ということを明らかにしたいという願いなのです。

枝と葉と幹と根

これを樹にたとえて考えてみましょう。私たちの存在は一本の樹です。湧きあがる不満の思いは枝や葉であり、幹の問題でもあります。いいえ、枝葉の問題だから軽い、つまらん、などというのでは決してありません。幹は枝を支え、枝は葉を繁らせ、花を咲かせ、実を結び、やがて枯れて散っていきます。そして季節を待って、また芽吹いていきます。それはとても大切なことです。一つひとつに大事な意味があります。

そして、その幹や枝葉を生かしているのが根です。根は目に見えない、表に現れないところで大地にしっかりと足場を張りめぐらせて、大自然の恵みを養分として吸い上げ、樹全体に生命をゆきわたらせていきます。

そうです、不安はじつにこの根にかかわる問題なのです。生きることの根源にある深い願いをたずねて掘り当てた人が法蔵菩薩《ほうぞうぼさつ》でありました。

願いの深まりと広がり

その願いは、一人が心に起こしたものではありますが、個人的な祈願《きがん》ではなく、全ての人々の心と通じ合う願いでした。それは生きることや、世の中のありさまについて「仕方がない」「こんなもんさ」とあきらめる心ではありません。どこまでも「これで生きているといえるのか？」と自分自身を見つめ、「こんな世の中でいいはずがない」と、あらゆる出来事に無関心でおれない心なのです。

不満をごまかしたり、解消するのではなく、不満の元をつきとめて、その根元にある不安に突き当たってみれば、そこではじめて、生きることの力になる願いが息づいている事実にふれるのです。

願いが明らかになり、深まりと広がりをもつと、願いにもとづいた大地、国土、世界が新しく開かれてきます。

「四十八願は浄土《じょうど》の憲法、本願《ほんがん》を憲法として成り立っている国土が浄土《じょうど》です」（安田理深）

この言葉を鏡にして、現実の国土のあり方を問い返すことができます。人類の歴史においても、願いは国土を打ち建てることで証され、その名のりと言葉は人と人とをつなぐはたらきをし、人間の存在を証明するものとなってきました。しかし我々の現実は、たえず願いに背き、国土と名とを私物化し、言葉によって溝や壁を作ってきました。

この現実を問い批判し続けるはたらきが本願《ほんがん》の国土、名、言葉なのです。

釈迦如来のものがたり

如来所以興出世
唯説弥陀本願海
五濁悪時群生海
応信如来如実言

如来《にょらい》、世《よ》に興出《こうしゅつ》したまうゆえは、
ただ弥陀本願海《みだほんがんかい》を説《と》かんとなり。
五濁悪時《ごじょうあくじ》の群生海《ぐんじょうかい》、
如来如実《にょらいにょじつ》の言《みこと》を信《しん》ずべし。

（意訳）

思えば、釈迦如来《しゃかにょらい》がこの世に出てくださったのは、
ただひとえに　海のように深く広い
あなたの願《ねが》いを説《と》くためでありました。
濁《にご》った世界、悪い時代に生き、
苦しみの海におぼれている、いのちあるものは、

仏《みほとけ》のまことの言葉を信じるべきなのです。

この世に生まれて―如来と出世の本懐

「私は一体何のためにこの世に生まれてきたのだろうか」、ふと、そう考えることがありませんか。思いはあれこれあるし、いろんなこともそれなりにやっている、けれど本当は何がしたいのか、こんなことをしておっていいのか、なぜこんなことが気になるのか……。それが漠然としていると、生きていることがむなしくなってくる。そのむなしさに応えているのが、ここに出てくる『正信偈《しょうしんげ》』の言葉でした。

如来《にょらい》とはどんな意味か

「如来《にょらい》」とは仏《ほとけ》さまのことです。では仏をなぜ如来というのでしょうか。

「如《にょ》」は「ごとし」と読みます。ごとしの世界から現われやって来たから「如来」というのです。仏像の絵や彫刻の第一人者である西村公朝さんは、それをわかりやすく説明しています。

たとえば「山」とは人間が勝手につけた名前であって、実は土と石などが盛り上がってできている形を山と呼んでいるのですから、つまりこれは「山のごとし」です。「海」といっても、雨や川水が集まってできたところですから「海のごとし」です。こうなると、私も「人のごとし」。みんな「如《ごと》し」ですから、この自然界は如《にょ》の集まりです。

次に一切のものはそれぞれが何から成立しているかといえば、地《ち》・水《すい》・火《か》（太陽の熱量）・風《ふう》（空気）の四元素です。これらによって構成された宇宙の大きな塊から生まれてきたから「如来《にょらい》」です。ところが、死ねば土や空気にばらばらと散って、もどってしまう。つまり如にかえってしまう「如去《にょこ》」です。（西村公朝『やさしい仏像の見方』新潮社より）

西村さんは、このような宇宙のちから、はたらき、「私」たちのいのち、それらを彫刻や絵画で人格化して表現したものがさまざまな仏像・如来像なのだといいます。

形にあらわすとは、名前や言葉でもあります。「阿弥陀如来《あみだにょらい》」というのは、量りしれない寿《いのち》と光《ひかり》のごとくにはたらき続けている仏の願い・本願《ほんがん》に名前をつけたのです。その名前にこめられた真実の心が言葉になったのが「南無阿弥陀仏《なむあみだぶつ》」なのです。

お釈迦《しゃか》さまと阿弥陀《あみだ》さま

さて、ここでの「如来《にょらい》」とは、釈迦如来《しゃかにょらい》や諸仏《しょぶつ》（東南西北上下の六方の世界におられる仏たち）のことでもあります。

仏教はふつう、開祖《かいそ》・釈迦《しゃか》の説いた教えにもとづいて形成された宗教であると説明されます。しかし、親鸞《しんらん》は必ずしもそうは言いません。それが『正信偈《しょうしんげ》』のこの文句です。原文に則して詳しく訳します。

お釈迦《しゃか》さまが、この世に如来《にょらい》として現われたのは、ただ一つのことをするためでありました。それは海のように深く広い阿弥陀如来《あみだにょらい》の本願《ほんがん》を説いて人間を成就する道を興《おこ》すことなのです。

だからこの五つの濁《にご》りに満ちて不透明などうしようもない悪い時代にあって、独りで生きることができず、群《むら》がって生きつつ苦しみの海におぼれている私たちは、如来《にょらい》の説く真実ありのままの教えの言葉を信じるべきなのです。

つまり、お釈迦《しゃか》さまはお釈迦《しゃか》さまに先立って仏《ぶつ》・如来《にょらい》と成った阿弥陀如来《あみだにょらい》の本願《ほんがん》すなわち何ものにもさまたげられない一筋の道をたずね、それを通して如来《にょらい》と成った、というのです。これは本願《ほんがん》・念仏《ねんぶつ》を信じる親鸞《しんらん》ならではの仏教のとらえ方です。

五濁《ごじょく》の世

五濁《ごじょく》とは、人間が作り出す五つの濁りによって世の中が人の心が不透明になること。
劫濁《こうじょく》…時代の濁り、天災や戦争などの社会悪のことでもある。
見濁《けんじょく》…思想や見解の濁り。
煩悩濁《ぼんのうじょく》…煩悩に支配されて名誉や利欲、権力を求めるあり方。
衆生濁《しゅじょうじょく》…衆生（生きているものどうし）のつながりが濁っていく。
命濁《みょうじょく》…人の寿命も、ものの寿命も短くなり、いのちの感覚が失われる。

これらは、とてもきれいごとでは生きていけない濁りだらけの世のありさまを厳しく批判するものです。そんな世と時代にあって、なおかつ生きる意味を見出すには、釈迦《しゃか》・諸《しょ》仏《ぶつ》の勧《すす》めによって、如来《にょらい》の願いがこめられたいのちの言葉に出会い、信じるしかないというのが親鸞《しんらん》の心なのでしょう。

能発一念喜愛心
不断煩悩得涅槃
凡聖逆謗斉回入
如衆水入海一味

よく一念《いちねん》喜愛《きあい》の心《こころ》を発《ほっ》すれば、
煩悩《ぼんのう》を断《だん》ぜずして涅槃《ねはん》を得《う》るなり。
凡聖《ぼんしょう》、逆謗《ぎゃくほう》、ひとしく回入《えにゅう》すれば、
衆水《しゅすい》、海《うみ》に入《い》りて一味《いちみ》なるがごとし。

（意訳）

信じ、喜び、愛する心が、ひとたび、おこる時、
煩《わずら》いや悩《なや》みを断《た》たなくても、仏《みほとけ》のさとりを得ることができるのです。
凡人《ぼんじん》も、聖者《せいじゃ》も、逆《さか》らう人も、けなす人も、ひとたび心《こころ》を回《ひるがえ》せば、
みなひとしく救《すく》われるので、
あたかも、さまざまな水がみんな、
大海《だいかい》に入って一つにとけあうようなものです。

人間がテーマになってきた

二十一世紀は、人間と宇宙の時代だといわれるようになりました。そういえば、大学で

も、人間科学、人間工学、人間学というふうに「人間」を主題にする学科が現われるようになりました。それは見方を変えれば、いよいよ「人間とは何か」がわからないようになってきたからかもしれません。

仏教には唯識学《ゆいしきがく》というのが古くからあります。それは、ヨーガ・坐禅《ざぜん》の実践を通して自分と世界の関係を見直すという思想です。それはまた、日常では忘れている自己の心の内側を鋭く観察し、分析する方法論です。心理学では、かなり以前からこの唯識学に注目し、取り入れてきたといわれます。心の奥をのぞいて無意識や深層心理を探求しようというのに役立つからです。

煩悩《ぼんのう》を数えてみると

唯識学《ゆいしきがく》では、人間の存在を成り立たせている身と心について詳しく分析し、説明しています。「五位百法《ごいひゃっぽう》」といって、存在を五つのタイプに分け、さらに百種類に分類します。とりわけ心のはたらきについては実に細かい。ここで煩悩《ぼんのう》、つまり身を煩《わずら》わせ、心を悩ませ、かき乱し、惑わせ、汚していく心のはたらき、煩悩が出てきます。

根本煩悩《こんぽんぼんのう》（代表的な六つの煩悩）

一、むさぼる心（貪《とん》）　二、いかる心（瞋《じん》）　三、おごりたかぶる心（慢《まん》）
四、おろかな心（痴《ち》・無明《むみょう》）　五、疑う心（疑《ぎ》）　六、正しくない見解（悪見《あくけん》）

随煩悩《ずいぼんのう》（さまざまな煩悩）

一、殴ろうと思うほどに怒る心（忿《ふん》）　二、うらむ心（恨《こん》）
三、相手にかみつく心（悩《のう》）　四、罪をかくす心（覆《ふく》）　五、あざむく心（誑《おう》）
六、だましへつらう心（諂《てん》）　七、おごりよいしれる心（憍《きょう》）
八、害する心（害《がい》）　九、ねたむ心（嫉《しつ》）　十、けちな心（慳《けん》）
十一、十二、はじることなき心（無慚《むざん》と無愧《むき》）　十三、信じない心（不信《ふしん》）
十四、おこたる心（懈怠《けだい》）　十五、なまける心（放逸《ほういつ》）
十六、重く沈んだ心（惛沈《こんじん》）　十七、動くさわがしい心（掉挙《じょうご》）
十八、ものを忘れる心（失念《しつねん》）　十九、まちがって知る心（不正知《ふしょうち》）
二十、みだれる心（散乱《さんらん》）

なんとまあ煩悩にもいろいろあるもんですが、これで驚いていてはいけない。これをさらに細かく分けて百八つの煩悩があるというのですから。このようにして煩悩の正体を知ったら、道は開けるというわけです。

悩みを断たずに救われる

さて、ここで親鸞《しんらん》の『正信偈《しょうしんげ》』です。「不断煩悩得涅槃《ふだんぼんのうとくねはん》（煩悩《ぼんのう》を断《だん》ぜずして涅槃《ねはん》を得《う》るなり）」、つまり、わずらいや悩みを断ちきらなくても、涅槃《ねはん》というさとりを得ることができるというのです。人間である限り、誰にでも悩みはあります。どんな偉そうな人でも、大人にも子供にも悩みがあり、煩悩《ぼんのう》にふり回されています。そんな私たちが、そのまんまでさとれる、救われるのはなぜなのか？

それは「あなたを目覚めさせよう、迷わず成仏《じょうぶつ》させよう、決して見捨てないで育てよう」そういう願いをかけ続けている人がいるからです。その人こそ、永遠の仏《みほとけ》、阿弥陀仏《あみだぶつ》です。その深い心、大きな願いがはたらいていることに気づくのです。

そうだ、私はいつも煩悩《ぼんのう》につき動かされているどうしようもないやつだが、阿弥陀仏《あみだぶつ》の深い心で願われて育てられていたのだ。その仏の心、願いを信じてうなずいた時、体いっぱいの喜びがあふれてくるのです。

それは疑いと不信に満ちた心をひるがえして、もういちど愛することができることです。愛することさえできるなら、生きていける。共鳴しあい、受け容れていける。それだけが生きることのすべてだからです。

人生よありがとう

煩悩《ぼんのう》があるのは、生きている証拠です。苦労したり、病気するのも、生きていればこそです。それらをなくしてしまえば、自分もなくなってしまいます。といっても、それは煩《ぼん》悩《のう》をまるごと肯定して「こんなもんや」と居直って生きることではありません。いやなことだけをなくして幸せになろうなんて、不可能だというのをはっきりさせるのです。

つまり、悩みを断ちきってなくすのではない。願いの力、さとりのはたらき、仏《みほとけ》の智慧《ちえ》をキャッチしたら、悩みの質が変わることを信じるのです。信じ、喜び、愛する心に変わっていく。そうなると、煩悩《ぼんのう》はわが人生に味をつけてくれる素敵な贈り物、なくてはならないものだったと見直していけるのです。

悩みがあるままに、仏《みほとけ》のさとりがやってきて、新しい人生が開かれていくその人生に対して「人生よありがとう」「あなたの願いを受けついでいきます」とつぶやき、うたうことが「なむあみだぶつ」です。

念仏とは英語でいうなら、Thank you（ありがとう）であり、Carry on（うけつぎ伝える）であると私は思います。

摂取心光常照護
已能雖破無明闇
貪愛瞋憎之雲霧
常覆真実信心天
譬如日光覆雲霧
雲霧之下明無闇

摂取《せっしゅ》の心光《しんこう》、常《つね》に照護《しょうご》したまう。
すでによく無明《むみょう》の闇《あん》を破《は》すといえども、
貪愛《とんない》・瞋憎《しんぞう》の雲霧《うんむ》、
常《つね》に真実信心《しんじつしんじん》の天《てん》を覆《おお》えり。
たとえば、日光の雲霧《うんむ》に覆《おお》わるれども、
雲霧《うんむ》の下《した》、明らかにして闇《くら》きことなきがごとし。

（意訳）

仏《みほとけ》の心《こころ》は、すべてをおさめとってすてない光であり
常《つね》に私たちを照らしまもってくださいます。
すでに迷《まよ》いの闇《やみ》は破《やぶ》られているのですが、
むさぼり、とらわれ、いかり、にくしみの雲《くも》や霧《きり》が、
常に仏《みほとけ》の真実《しんじつ》のこころの空をおおってしまいます。
それでも、たとえば日光が雲や霧におおわれても、
その下が明るくて、闇《やみ》にならないように、

仏《みほとけ》の真実《しんじつ》のこころは、いつも澄《す》みきっているのです。

摂取《せっしゅ》の心光《しんこう》

「不断煩悩得涅槃《ふだんぼんのうとくねはん》（煩悩《ぼんのう》を断《だん》ぜずして涅槃《ねはん》を得《う》る）」という一句は凡《ぼん》・聖《しょう》・逆《ぎゃく》・謗《ほう》を一味《いちみ》にする海に喩《たと》えられました。

今ここでは光と闇の関係から、日光とそれをおおう雲や霧に譬《たと》えられています。「無明《むみょう》の闇《やみ》」それは真実にめざめることをしらず迷い続けている私たちの姿です。そんな私たちに阿弥陀仏の願いがかけられているのですが、それが聞こえません。見えません。わかりません。なぜか。

雲が空をおおうように、私たちの心に「貪愛《とんあい》（むさぼり、とらわれ）」「瞋憎《しんぞう》（いかり、にくしみ）」という煩悩《ぼんのう》が雲や霧のように湧いてきて、「真実の天（大空のように明らかな仏の真実の願い）」をおおいかくしてしまうからです。

しかし、日光が雲にさえぎられても暗闇にならず明るさがあるように、それでもなお、我々を見守り照らし続ける仏《みほとけ》の願いを「摂取《せっしゅ》の心光《しんこう》」というのです。

仏心《ぶっしん》は大慈悲《だいじひ》これなり

『観無量寿経《かんむりょうじゅきょう》』には、この光がこう説かれます。

一一《いちいち》の光明《こうみょう》遍《あまね》く十方世界を照らす。念仏《ねんぶつ》の衆生《しゅじょう》を摂取《せっしゅ》して捨《す》てたまわず。(中略)仏心《ぶっしん》というは大慈悲《だいじひ》これなり。無縁《むえん》の慈《じ》をもってもろもろの衆生《しゅじょう》を摂《せっ》す。(真宗聖典一〇五〜一〇六頁)

仏《ぶつ》の光明は全世界を照らす。仏《ぶつ》の名《みな》を称える者を摂《おさ》め取《と》って捨《す》てない。仏《ぶつ》の心《こころ》とは大慈《だいじ》悲《ひ》のことである。無縁《むえん》の慈《じ》というはたらきによって、あらゆる衆生《しゅじょう》を包容《ほうよう》する。

仏《ぶつ》は四つの無量心《むりょうしん》によって衆生《しゅじょう》に接するという。一、生けるものに楽を与える慈《いつく》しみの心(慈《じ》)。二、他者の苦を抜く悲しみの心(悲《ひ》)。三、他者の楽をねたまぬ喜びの心(喜《き》)。四、差別しない平等の心(捨《しゃ》)の四つの心である。ここから慈悲《じひ》という語が出てくる。

さらに慈悲《じひ》には、一、衆生《しゅじょう》を対象(縁《えん》)とした心。二、さまざまな教え(法)を対象(縁)とした心。三、いかなる対象ももたずに現われる(無縁《むえん》)の心がある。無縁《むえん》の慈悲《じひ》とは、空《くう》の道理を知らせる。すべては実体がない、いろんな条件が仮《かり》に集まっているだけだ。そういう身《み》の事実を知らせる心である。これを大慈悲《だいじひ》という。

この無縁《むえん》の慈悲《じひ》を大慈悲《だいじひ》というのです。このような慈悲《じひ》によって、すべての人々を光の中へ包みこんでいくので「摂取《せっしゅ》の心光《しんこう》」というのです。この慈悲《じひ》を日光にたとえ、私たちの煩悩によって生じる迷いの心を雲や霧にたとえているのです。

摂取不捨《せっしゅふしゃ》の利益《りやく》

「摂取《せっしゅ》の心光《しんこう》」によって常に照らされ護《まも》られている身になるのを「摂取不捨《せっしゅふしゃ》の利益《りやく》」といいます。でもいわゆる「ご利益《りやく》」とは、ちがう。「家内安全・商売繁盛・無病息災」を祈ったら、それをかなえてくれるような利益は「うちさえよければ」「得さえすれば」「今さえよければ」それでいいという、自分勝手なご利益信仰であります。

毎田周一《まいだしゅういち》という仏者《ぶっしゃ》は「仏教は所詮、何の役にも立たんものだ」と言いきりました。

「この世の何にも役立たない。ことさら用功を用いずして、用功に充ち溢れた世界の真ん中に生きているのである。永遠の生命の世界ということである」（『毎田周一全集』）

自分の都合だけの小さな殻にこもっていた姿が仏《ぶつ》の光にふれて破られ、もっと大きな世界に放り出され包容されていく、そのような大きな利益《りやく》なのです。親鸞《しんらん》はいろんな著述で「摂取不捨《せっしゅふしゃ》の利益《りやく》」を説きあかしています。

考える空

ジョージ秋山の漫画『浮浪雲《はぐれぐも》』第三四六話には、まるで禅問答みたいな親子の対話があります。思春期の新之助は、いつも小さなことにくよくよし動揺する心を、なんとか静かにしたいと思い悩みます。悩みぬいたすえに父に質問します。侍をすてて問屋場の頭となり、浮浪雲《はぐれぐも》と呼ばれてひょうひょうと生きている父は答えます。

「新さん、あの青空を見てください。……あれが新さんの探してる心ですよ。なんにもないでしょう。それから何万年何億年、それよりずっと前から、変わることはなかったんです。色だって変わることはないし、減りもしなければ増えもしません。どこまで行っても触ることもできません。空はあるようでないんです。

あの空に見えるのはなんです。……そう雲です。空じゃないですね。新さんが考えるっていうことは、あの雲なんです。考えれば考えるほど雲が多くなって澄みきった青空を隠しちゃうわけだ。ですから悩むことを恐れないでください。どんな雲だって西の空から東の空へ消えていきます。ただ通りすぎるだけなんです。

人間は考える動物ですから、あとからあとから思い煩いますけど、でも、西から東へ通りすぎるから心配はないです。まっ黒に曇っていても、空の上はいつだって変わりなく青く澄みきっています」

さりげなく、わかりやすく信心の世界が語られていると思いませんか。

獲信見敬大慶喜
即横超截五悪趣
一切善悪凡夫人
聞信如来弘誓願
仏言広大勝解者
是人名分陀利華
弥陀仏本願念仏
邪見憍慢悪衆生
信楽受持甚以難
難中之難無過斯

信《しん》を獲《う》れば見て敬《うやま》い大《おお》きに慶喜《きょうき》せん、
すなわち横《おお》に五悪趣《ごあくしゅ》を超截《ちょうぜつ》す。
一切善悪《いっさいぜんあく》の凡夫人《ぼんぶにん》、
如来《にょらい》の弘誓願《ぐぜいがん》を聞信《もんしん》すれば、
仏《ぶつ》、広大勝解《こうだいしょうげ》の者《ひと》と言《のたま》えり。
この人《ひと》を分陀利華《ふなだりけ》と名《な》づく。
弥陀仏《みだぶつ》の本願念仏《ほんがんねんぶつ》は、
邪見憍慢《じゃけんきょうまん》の悪衆生《あくしゅじょう》、
信楽受持《しんぎょうじゅじ》すること、はなはだもって難《かた》し。
難《なん》の中《なか》の難《なん》、これに過《す》ぎたるはなし。

（意訳）

まことの信《しん》をえて、いのちの真実《しんじつ》を見て　敬《うやま》い、
大きなよろこびに満《み》たされたならば、
その時　迷いの悪道《あくどう》を　願いの力で

横《よこ》にすみやかにとび超《こ》えて断《た》ちきるのです。
すべての　善や悪にしばられている人びとが、
仏《みほとけ》の願いを聞き、信じるならば、
仏《みほとけ》は〈ほんとうによくわかった者〉と言われます。
この人を〈分陀利華《ふんだりけ》〉と名づけるのです。
それは泥《どろ》に咲いて濁《にご》りに染まらない白蓮華《びゃくれんげ》です。
永遠《えいえん》の仏《みほとけ》の願いを信じ、忘れずに名《みな》を称《とな》える念仏《ねんぶつ》は、
おごり、たかぶり、あなどる悪い人たちには、
そのままの心では、とても信じられないことです。
信心をおこすことほど難しいことはありません。

人間を敬う

信《しん》を得たならば、ほんとうに人間を敬うことができる。それこそ人間に生まれてきたことの一番大きなよろこびなのでしょう。

この一句から思い出すのは、ゴーリキーの戯曲「どん底」のサチンの台詞です。

「人間は元来、勦《いた》わるべきものじゃなく尊敬すべきもんだ――哀れっぽいことを言って人間を安っぽくしちゃいけねぇ。尊敬せにゃならん。どうだ男爵《だんしゃく》！　人間のために一杯飲もうじゃねえか」

部落解放運動の起点になった水平社創立趣意書「よき日のために」に引用されてます。「水平社宣言」では「人間を尊敬することによって自らを解放せんとする」とうたわれています。それはどこかで人を敬うことを失ってきた私のあり方をどこまでも問い続ける言葉として響いてきます。

横《おう》に超《こ》えていく道

信《しん》を得たならば、横《よこ》ざまに五つの迷いの悪道《あくどう》（地獄《じごく》・餓鬼《がき》・畜生《ちくしょう》・人《にん》・天《てん》）を超えて、束縛《そくばく》の絆《きずな》を断《た》ちきっていける。これは、必ず浄土《じょうど》に生まれる身《み》と定まると、如来《にょらい》の本願《ほんがん》の力によって、迷いの生死《しょうじ》の海をやすやすと超えていけるということです。

「横《おう》に」というのは、竪《たて》にではないという意味です。タテとヨコの違いだと。

タテというのは、上から下への教え諭し、あるいは下から上への修養努力で理想を実現する道。ヨコというのは、タテみたいな型にはまった思惑、常識をこえたところで、すでに実現されていた生き方、物の見方、考え方に出会うことで開かれてくる心境。「そうか、こんな生き方もあるんだ」とうなずけるような。

それは決して人に言って聞かせるような話ではない。思いがけなくも自分に響いてくるようなもの。どうしようもない現実をかかえて、すったもんだしている私がここにいる。その私に思いもかけなかった世界が開けてくる。信《しん》のはたらきです。

念仏《ねんぶつ》は生きている—妙好人《みょうこうにん》の世界

すべての善や悪にしばられている人々が、仏《ぶつ》の本願《ほんがん》を信《しん》じるというのは、仏《ぶつ》の救いをあてにすることではない。この己《おのれ》の身《み》が仏《ぶつ》の力で動かされているのだということを信じることなのです。

そのようにうなずいた人を名づけて「分陀利華《ふんだりけ》」(プンダリーカ・白蓮華《びゃくれんげ》)というとあります。信心《しんじん》に生きる人の美しさをほめるのを、白蓮華の妙好《みょうこう》にたとえて「妙好人《みょうこうにん》」といいます。妙好人《みょうこうにん》は、浄土真宗の教えが生んだ独自の人間像だといわれます。

親鸞《しんらん》のもとにもいたことでしょうが、名前があがるようになったのは蓮如《れんにょ》の時代からです。金森《かながもり》の道西《どうさい》や、赤尾《あかお》の道宗《どうしゅう》です。

近世以降には大和《やまと》の清九郎《せいくろう》、長州《ちょうしゅう》のお軽《かる》、おその、讃岐《さぬき》の庄松《しょうま》、因幡《いなば》の源左《げんざ》、浅原才市《あさはらさいち》などが有名です。大阪・堺にも物種吉兵衛《ものだねのきちべえ》がいました。その人たちはいずれも、日常のあらゆる場面で「如来《にょらい》の大悲《だいひ》」を感じ、ふつうの言葉で信心《しんじん》を語りました。すばらしい法悦《ほうえつ》の詩を書いた人もいます。そのエピソードや詩をいくつか紹介しましょう。

讃岐《さぬき》の庄松《しょうま》が病んだおりに、同行が見舞いにきて言った。

「あんたが死んだら墓を立ててあげよう」

庄松《しょうま》いわく「石の下には居らぬぞ」

浅原才市《あさはらさいち》の詩から、

「ありがたい。ありがたいのは才市《さいち》じゃないよ。ありがたいのはおやさまで、おやさまとは、なむあみだぶつ。これに才市が救いとられて、なむあみだぶつ、なむあみだぶつ」

因幡《いなば》の源左《げんざ》は、まぐさを背負う牛に話しかけて、そこから仏法を得ている。

現代の妙好人《みょうこうにん》としては、森ひな、西田辰正、米沢英雄、榎本栄一などが知られる。

加賀の小松の森ひなは、「昭和二十年一月二十三日日記　年六十」というひらがなの手記を残している。

「うれしあまりに、うたをかく。われでかかれず、わがこにかかす。ともによろこび、ふでをとる。おさないときより、まいりはすれど、なんのきもなく、きいてきた。われのころのなやみのために、おてらまいりに、ふみだした。きけばきくほど、ありがたうおもい、こんなおやさまあるものか。まいる、まいると、しゅ（う）とにいえず、しのびしのんで、てらまいり、われのちからで、でるとはおもうた、そうじゃなかった、おやちから。たりき、たりきと、おもうてゐたが、おもうたこころが、みなじりき」

私は、これら妙好人《みょうこうにん》の信心の世界にふれるたびに自分がすごく恥かしく思えてきます。自分の言葉にならないまま、わけ知り顔して仏法を説いたりしているからです。

この『正信偈《しょうしんげ》』にある「邪見憍慢悪衆生《じゃけんきょうまんあくしゅじょう》」とは、僧侶や学者が仏教の専門家みたいにふるまい説教する姿のことではないかとすら思えてきます。そういう僧たちが、妙好人を、体制べったりの教団の倫理観で信者のお手本のように持ち上げて伝えてきたという問題もあるのです。

まことに他力《たりき》の信《しん》を得《う》るのは難しい。理知分別、観念を突き破り、生活感情の底から噴き上がってくるような「念仏《ねんぶつ》の信《しん》（宗教心の発露《はつろ》）」は、ほんとうに難しい。「難《なん》の中の難《なん》これに過ぎたるはなし」といわれるゆえんであります。そして、妙好人《みょうこうにん》こそ、その難中《なんちゅう》の難《なん》をくぐりぬけて、念仏《ねんぶつ》は生きている、という事実を証《あかし》した人々でありましょう。

念仏はどう伝わったか

印度西天之論家
中夏日域之高僧
顕大聖興世正意
明如来本誓応機

印度《いんど》・西天《さいてん》の論家《ろんげ》、
中夏《ちゅうか》・日域《じちいき》の高僧《こうそう》、
大聖興世《だいしょうこうせ》の正意《しょうい》を顕《あらわ》し、
如来《にょらい》の本誓《ほんぜい》、機《き》に応《おお》ぜることを明《あ》かす。

(意訳)

インドなど西のかなたの
龍樹《りゅうじゅ》・天親《てんじん》という仏教思想家《ぶっきょうしそうか》
中国の曇鸞《どんらん》・道綽《どうしゃく》・善導《ぜんどう》、
日本の源信《げんしん》・源空《げんくう》という名高《なだか》い僧《そう》は、
釈尊《しゃくそん》がこの世にお生まれになった意義《いぎ》を現《あらわ》し、

仏《みほとけ》の誓《ちか》いが　すべての人びとのおかれた現実にかなう救《すく》いであることを
明《あき》らかにしてくださいました。

法蔵菩薩《ほうぞうぼさつ》から南無阿弥陀仏《なむあみだぶつ》へ

かつて人類史上に、ほんとうの自由と平等なあり方を求めて、終わりのない歩みを始めた人が現れました。その人の名は法蔵菩薩《ほうぞうぼさつ》です。法蔵菩薩は、暴力と差別とに満ちた世界にあって、あらゆるいのちあるものと共に生きたいと願い、解放への祈りを展開していきました。それが本願《ほんがん》です。

その願いに呼応して、光と寿《いのち》が量《はか》り知れない世界が建立されました。それはこの世を明らかな鏡のように映しだす、荘厳《しょうごん》された国土、浄土《じょうど》です。それは私たちの現実を批判する原理です。それはあらゆる悲惨な状況、差別と抑圧に苦しむ人々が解放と連帯を求めて生きる根拠地・世界観です。

それは。願いを成就して阿弥陀仏《あみだぶつ》と成った法蔵菩薩の精神です。それは「南無阿弥陀仏《なむあみだぶつ》」という真実の言葉に結晶して民衆の中に語り継がれ、大地にしみこんで地下水となっていきました。

このような物語が『大無量寿経《だいむりょうじゅきょう》』（永遠の寿《いのち》の物語）という仏典《ぶってん》に説かれています。

でも、これは単なる過去のお話ではありません。蓬茨祖運《ほうしそうん》という人はこう言います。

「仏教は釈尊《しゃくそん》から始まったと考えるのが一般の見方ですが、親鸞《しんらん》は、仏教がわれわれの迷いから始まったとみられたのであります。われわれの迷いが今おこったのなら、仏教は今はじまったことになるが、この迷いは深く遠い歴史をもっています。だから仏《ぶつ》の本願《ほんがん》が久遠《くおん》の昔におこされたということは、われわれの迷いが久遠の昔の因縁をもっていることを示しているのです」（『真宗概説　教行信証』より）

いいかえれば、人類の始源において迷いから目覚め、苦からの解放を求めた人の名が法《ほう》蔵菩薩《ぞうぼさつ》なのです。それは私の原名でありましょう。そして南無阿弥陀仏とは私の本名といえるでしょう。

釈尊とその僧伽（サンガ）

インドに生まれた釈尊《しゃくそん》（シャカムニ＝ゴータマ＝ブッダ）は生老病死《しょうろうびょうし》に苦悩し迷うことの源をたずね、国を棄《す》てて王位をすてて道を求める人となりました。そして、ついにその苦の原因を探し当て、真に自由で平等な「いのち」の道理である法（ダルマ）に目覚めて、さとりをひらいて仏《ぶつ》（ブッダ）と成ったのでした。それはまさに民衆の苦悩の大地の底に伝承されてきた解放への祈りの泉を発見し、掘り起こすことでした。

釈尊《しゃくそん》はこの地上に、神々の権威や人間の権力で支配されたり差別されることのない生活共同体、僧伽（サンガ）を建立しました。それはたったの五人を弟子として開設された私塾でした。やがてその教えは、インド全土に広がっていきました。出家《しゅっけ》して僧伽《サンガ》に入るということは、平等の法に統理されて主体的に生きることでした。それはまた、不殺生《ふせっしょう》の実践として兵役を拒否し、戦争に反対する非暴力の運動でした。

仏典を伝えた人々

こうして仏教は、インドからアジア全土へと広がっていきました。それは海を越えて南方へ、シルクロードを経て東方の中国、朝鮮、日本へと伝えられていきました。時には大きな弾圧の時代にめぐりあいながらも、その精神は脈々と受け継がれていったのです。

『正信偈《しょうしんげ》』にうたわれている七高僧《しちこうそう》＝七人の仏教者たちは、仏教の結晶である南無阿弥陀仏《なむあみだぶつ》、真実の言葉とその心を民衆に根づかせるという巨《おお》きな仕事をした人々です。しかし、その前に、もうひとつ忘れてはならない人たちがいます。それは、仏教をインドの言葉から中国語（漢文）に翻訳してくれた人たちのことです。

仏教は、経蔵《きょうぞう》（お経）・律蔵《りつぞう》（戒律）・論蔵《ろんぞう》（お経の解釈）という「三蔵《さんぞう》」という内容をもっています。その全体が「仏典《ぶってん》」なのです。初めは口承で、やがて文字となり記録されてきました。それを正しく学び、翻訳した人があったからこそ、仏教の思想・信心・実践は確かに伝えられてきたのです。

私は、五世紀の初めから七世紀にかけて現れた、四十七名の仏典翻訳者たちに想いを馳《は》せずにはいられません。とりわけ、鳩摩羅什《くまらじゅう》と玄奘《げんじょう》という二人の三蔵法師《さんぞうほうし》＝翻訳僧を忘れることができません。この人たちが命がけで仏典をもたらし翻訳に従事することがなければ、どんなにすばらしい仏教の宝蔵も開かれることはなかったといってもいいくらいです。

鳩摩羅什《くまらじゅう》（クマーラジーヴァ）

鳩摩羅什《くまらじゅう》（三五〇～四〇九頃）は、インド人の父と、クチャ人の母の間に生まれ、幼くして仏門に入り修学し、やがて大乗《だいじょう》の教えに出会います。彼の名声は中国にも鳴り響き、前秦国はこの優れた人物を武力で奪おうとします。鳩摩羅什《くまらじゅう》は捕われ、さまざまな苦難を経て中国・長安に入ります。ここで後世に残る名訳『法華経《ほけきょう》』や『阿弥陀経《あみだきょう》』など、数多くの仏典を翻訳しました。

玄《げん》 奘《じょう》

玄奘《げんじょう》（六〇二〜六六四）は中国に生まれ、仏教を学びますが、仏典のより精確な原典研究を志して、独力で六二九年にインドへ旅立ちます。艱難辛苦《かんなんしんく》しつつ、シルクロードを経てインドのナーランダ学問寺に到着して唯識学を学びます。また、インド各地の仏跡を訪ね、仏像、仏舎利《ぶっしゃり》、原典を携えて六四五年に中国に帰ります。彼は「大般若経《だいはんにゃきょう》」一〇〇巻はじめ、膨大な翻訳をしますが、きわめて原典に忠実な訳で、彼以後の訳はそれ以前の旧訳《くやく》に対して新訳《しんやく》といわれます。また玄奘《げんじょう》はインドへの旅行記『大唐西域記《だいとうさいいきき》』を著しました。これが後に有名な『西遊記《さいゆうき》』という戯曲にまでなって、玄奘《げんじょう》という三蔵法師《さんぞうほうし》と孫悟空《そんごくう》の物語として伝わってきたのです。

仏典は、ひとつのお経にもいくつかの異なった訳本があります。本願念仏《ほんがんねんぶつ》を説いた『大《だい》無量寿経《むりょうじゅきょう》』のように、およそ一千年間にわたって十二回も翻訳されたものもあります。翻訳者たちの歴史的な労苦を偲ぶとき、私たちもまたこの仏典をインド語、中国語、チベット語などから日本語に翻訳し、現代の言葉で正しく読み、その叡智にふれたいと思うのです。

龍樹

釈迦如来楞伽山
為衆告命南天竺
龍樹大士出於世
悉能摧破有無見
宣説大乗無上法
証歓喜地生安楽

釈迦如来《しゃかにょらい》、楞伽山《りょうがせん》にして、
衆《しゅう》のために告命《ごうみょう》したまわく、
南天竺《なんてんじく》に、龍樹大士《りゅうじゅだいじ》世《よ》に出《い》でて、
ことごとく、よく有無《うむ》の見《けん》を摧破《ざいは》せん。
大乗無上《だいじょうむじょう》の法《ほう》を宣説《せんぜつ》し、
歓喜地《かんぎじ》を証《しょう》して、安楽《あんらく》に生《しょう》ぜん、と。

（意訳）

釈迦如来《しゃかにょらい》は、楞伽山《りょうがせん》で説法《せっぽう》された時、
聴衆《ちょうしゅう》に向《む》かって予告され、〈南インドに
龍樹《りゅうじゅ》という大《おお》いなる人が現《あらわ》れて、

われなきあと、
真理《しんり》をおおう有《う》と無《む》の思想《しそう》を
ことごとく打ちくだく。
彼《かれ》は自分だけの救《すく》いではなく、
いのちもろともをのせてはこぶ
大きな乗りもののような、すばらしい救《すく》いの法《ほう》を説《と》き、
みずから身《み》と心《こころ》によろこびを証《あかし》して
いのち安らぐさとりの国にうまれる〉と言われました。

インド古代史と仏教

ゴータマ・ブッダ（仏陀《ブッダ》＝釈尊《しゃくそん》）は、紀元前五世紀末から四世紀初めごろに入滅《にゅうめつ》しましたが、その後、仏陀《ブッダ》の言葉は仏典《ぶってん》として結集《けつじゅう》（編集会議のようなもので、まとめること）されていきます。やがて仏教は全インドおよびその周辺・スリランカやヘレニズム文化圏に広まっていきます。

紀元前二七三年から、インドはアショーカ王の時代になります。アショーカ王はインド

の統一・中央集権化をはかり、仏教を理念とした政治を行いました。インド全土に石柱を立て、そこに法勅を刻みました。彼はまたスリランカへ仏教を広め（南伝仏教）たり、膨大な仏典の結集《けつじゅう》事業をしました。

紀元後一四〇年、カニシカ王の時代となり、中央アジア・北西インドを統一したクシャーナ王朝の全盛期となります。カニシカ王は仏教を保護し、仏教の北伝が始まりました。この頃から大乗《だいじょう》仏教の運動が起こります。仏教詩人アシュヴァゴーシャが現れて活躍します。

ガンダーラ芸術と仏像の誕生

世界史像を眺めると、東西世界はペルシャのオリエント統一が西方へと発展し、ギリシャの繁栄が東方に及んでいきます。そして東西世界の統合は、あらたにヘレニズム文化を生み出します。

中国では漢が西方に発展して西域を支配していきます。紀元後一世紀にパレスチナにおこったキリスト教は、さまざまな迫害を受けながらもローマ帝国に普及し、大きな勢力となります。こうして東西の文化はしだいに接近し、内陸アジアを横断して中国とローマを結ぶ通商路・シルクロード（絹の道）が開けるのです。中国の絹が西方へ運ばれ、西方からは宝石・織物や、仏教などの文化が流入します。その中から生まれたのがガンダーラ芸術でした。それは先に述べたカニシカ王の時代に花を咲かせました。ここに仏教美術として初めて仏像が誕生するのです。

だいたい、インドの仏教徒は仏像を作りませんでした。仏陀《ブッダ》の伝説をテーマにした浮彫（レリーフ）は古くからありましたが、そこに仏陀《ブッダ》の姿は表現されていません。仏陀《ブッダ》のあるべき所には菩提樹《ぼだいじゅ》や法輪《ほうりん》、仏足跡《ぶっそくせき》などの象徴（シンボル）が置かれ、直接その姿を形に現すことを避けたのです。まして礼拝像として仏陀《ブッダ》の像を製作するなどということは、思いもよらないことでした。

しかし、東西文化がインドに入る通路にあたっていたガンダーラ地方では、ペルシャその他の西方の多くの宗教も知られるようになっていたので、仏教についても自由に考えられるようになりました。そして、ヘレニズムの神々にならって、仏陀《ブッダ》の像も造られるようになったのです。仏像はアポロン神に似た姿をもっていたのでアポロン仏とも呼ばれました。ガンダーラの仏像は、いわば仏教的理想とヘレニズム技法との融合から生まれて、西域、中国から日本にまでも影響を及ぼし、また近代になっては西洋の人々にも高く評価されることになるのです。

龍樹《りゅうじゅ》という人

龍樹《りゅうじゅ》（ナーガールジュナ　一五〇～二五〇年頃）は、このような時代に世に出ました。伝記によれば、龍樹《りゅうじゅ》という人は、南インドのバラモンの家に生まれ、幼時からきわめて多才で、あらゆる学問を修め、有名になりました。ついには自分の身体を見えなくする隠身《おんしん》の秘術を得て、友人三人とともに王宮にしばしば忍び込み、宮廷の女性を誘惑して快楽をほしいままにしました。驚いた王官たちは対策を練り、門に砂をまいて警護しました。砂上の足跡をたよりに三人の友人は斬殺されましたが、龍樹《りゅうじゅ》だけは王の影で生き残りました。

彼は欲情が苦しみの原因であることに目覚めて、発心《ほっしん》して出家《しゅっけ》しました。そしてヒマラヤ山中で一人の老修行者から大乗《だいじょう》の経典を授けられます。その後、彼はインド中を遍歴して学者と論争しては勝つので、慢心《まんしん》を起こし、自分で一派を立てようとします。その時、大きな龍《りゅう》（マハーナーガ）菩薩が、彼の慢心を哀れんで、海底の龍宮《りゅうぐう》に導き、宝の蔵を開いて大乗の経典を与えます。これによって深い真実をさとった龍樹《りゅうじゅ》は、再び南インドに帰り、異教徒を論破して、多くの著作を行いました。龍樹《りゅうじゅ》という名前は、その母がアルジュナ樹《じゅ》の下で彼を生んだことと、ナーガ（龍）の導きで道を成就したことにちなんで、ナーガールジュナと名づけられたのです。

この伝記に説かれるのは、彼自身の思想の歩みを物語の形で表現しているものといってよいでしょう。

空とはなにか

龍樹《りゅうじゅ》の教えは、空《くう》の思想とか中観《ちゅうがん》の哲学とも言われます。

「空《くう》」とは『般若経《はんにゃきょう》』に説かれる仏陀《ブッダ》の智慧《ちえ》の世界を現す用語で、あらゆるものには実体がないと知って、何ものにもとらわれない心ということです。

あらゆる存在・運動・機能・言葉は、すべてが複雑で多様な関係性のなか、つまり「縁《えん》」において成立している。しかも、その関係性は、お互いに矛盾や否定をはさみながら依存し合っている。われわれは、それを実体視している。だが、じつはどこにも固定された実体などない（無自性《むじしょう》）なのだ。ただ、いろんなものが寄り集まって仮に現れているものなのだ。これが縁起《えんぎ》の道理です。この縁起《えんぎ》の道理によって見抜かれた、存在の根拠と実態を

「空《くう》」というのです。それは、先に述べた、この時代に現れた仏像によって、仏陀のイメージ（像）や、その姿・形にとらわれることを批判し否定しているかのようでもあります。

顕示難行陸路苦
信楽易行水道楽
憶念弥陀仏本願
自然即時入必定
唯能常称如来号
応報大悲弘誓恩

難行《なんぎょう》の陸路《りくろ》、苦《くる》しきことを顕示《けんじ》して、
易行《いぎょう》の水道《すいどう》、楽《たの》しきことを信楽《しんぎょう》せしむ。
弥陀仏《みだぶつ》の本願《ほんがん》を憶念《おくねん》すれば、
自然《じねん》に即《そく》の時《とき》、必定《ひつじょう》に入《い》る。
ただよく、常《つね》に如来《にょらい》の号《みな》を称《しょう》して、
大悲弘誓《だいひぐぜい》の恩《おん》を報《ほう》ずべし、といえり。

（意訳）

龍樹菩薩《りゅうじゅぼさつ》は、さとりへの道は二つあると示して、
陸路《りくろ》をたった一人で歩く苦しい難行《なんぎょう》よりも、
みんなと共に船に乗って楽しく水上を渡る
行《ゆ》き易《やす》い道があることを示しました。
それは仏《みほとけ》の願いの船にまかせて、悩みの海を渡り、
さとりの岸にいたることなのです。
だから、仏《みほとけ》の願いを忘れず、

心に思い念じるならば、
その時、願いのはたらきで、おのずから、
すぐに、必ず、さとりを約束され、
退《しりぞ》かない身と定まる。
ただ、よく、つねに、仏《みほとけ》の名《みな》を称《とな》えて、
大きな悲願《ひがん》の恩恵《おんけい》にこたえていくことが大切である。
このようにいわれました。

理論と実践―智慧《ちえ》と慈悲《じひ》

インドに現れた大いなる人、龍樹《りゅうじゅ》については、大きく二つの内容に分かれています。前半は理論、後半は実践の問題です。

理論とは智慧《ちえ》であり、実践とは慈悲《じひ》です。とはいえ、これはかなり大雑把な言い方で、必ずしも正確ではありません。なぜなら、智慧《ちえ》とは、仏教の実践体系である六波羅蜜《ろくはらみつ》の最後に位置づけられるものだからです。ただ、智慧《ちえ》には仏教の道理を洞察する認識の力という意味があります。（六波羅蜜《ろくはらみつ》…布施《ふせ》・持戒《じかい》・忍辱《にんにく》・精進《しょうじん》・禅定《ぜんじゅう》・智慧《ちえ》）。

慈悲《じひ》とは、他者に安楽を与え、苦を抜くことで解放させようとする仏の心と、そのはたらきをさします。私はこれを、運動における理論と実践に重ね合わせてみたいのです。

理論（智慧《ちえ》）のはたらき

前半の「悉《ことごと》く能《よ》く有無《うむ》の見《けん》を摧破《ざいは》し」というのは、まさに理論（智慧《ちえ》）の闘いです。「有無《うむ》の見《けん》」とは、誤った見方（邪見《じゃけん》）の中のひとつである「辺見《へんけん》」のことです。「辺見《へんけん》」とは、死んでも自我は有るという見解（常見《じょうけん》）と、死んだら自我は無くなるという見解（断見《だんけん》）の二つのことです。それは、死後の有無にとらわれて霊信仰におちいっていき、ついには「縁起《えんぎ》」の道理や仏陀《ブッダ》の意義を否定することになります。

これに対して龍樹《りゅうじゅ》が批判し打ち砕いたのは、おそらく次のような内容でしょう。

仏教は、自我を永遠不滅なものだと認めない。私たちの存在は、いろんな縁《えん》が仮に集まって成り立っているのであって、不変な実体や実在というものはない。ただ、生まれては滅していく一瞬一瞬の中で、一つの流れとして続く意識がはたらいているだけ。どんな縁《えん》で何をしてきたかによって現在の意識は作られる。このように生死を繰り返していくことを「流れること」（サンサーラ＝輪廻《りんね》＝生死《しょうじ》）という。生死《しょうじ》の流れは、どこまでいっても迷いの世界（三界《さんがい》・六道《ろくどう》）を回《めぐ》り回《めぐ》る。そのことに気づいたならば、早くその迷いの絆《きずな》を断ち切って解放されていかなければならない。流転輪廻《るてんりんね》から解放されない限り、死後もかってての意識の流れは続いていく。しかし、それは霊魂のようなものではない。問題は今、この時、私のいるところから何を明らかにしていくかということなのだ。

このような仏教の道理「大乗無上の法《だいじょうむじょうのほう》」が自身の上に明らかになったならば、身と心によろこびが起こる。それが「歓喜地《かんぎぢ》」です。「歓喜地《かんぎぢ》」とは、「あらゆるいのちあるものと共に生きたい」と志願して歩み続ける人（菩薩《ぼさつ》）の到達する、十段階の境地の一番最初の段階です。いうなれば、大きな課題に取り組む者が、出会いと学びの中から、自己関心と身勝手さだけで生きていた姿に気づかされ、自分の殻《から》が破れた時の喜びです。それが智《ち》慧《え》によって開かれ証《あかし》されてくるのです。

実践（慈悲《じひ》）の果てに

龍樹《りゅうじゅ》がめざしたのは理論（智慧《ちえ》）と実践（慈悲《じひ》）の統一でした。理論（智慧《ちえ》）を追及して、空《くう》の思想・中観《ちゅうがん》の哲学を完成しました。それは縁起《えんぎ》の道理によって、あらゆる実体化を批判することでした。また彼は実践（慈悲《じひ》）を追及して、だれもが解放され続けることのできる方法を宗教的実践として追及しました。その果てに到達したのが、阿弥陀仏《あみだぶつ》を信《しん》じ、憶《おも》い念《ねん》じて、まず浄土《じょうど》に往《ゆ》き生《う》まれる道でした。

難行《なんぎょう》ということ

その「実践とは何か」というテーマを明らかにしようとした時にぶつかったのが、「難《なん》行《ぎょう》」という問題です。大きな志願を抱いた菩薩《ぼさつ》として生きようとしたとたん、大きな壁にぶつかります。仏陀釈尊《ブッダしゃくそん》という大きな指導者は、もうおられない。しかも濁りに満ちた差別動乱の世である。世間には見せかけの善行が氾濫し、我こそは指導者だという顔をする人々が現れる。深い罪悪感も失われ、目先の利益に惑わされる。自分の才能や努力を過信して、他者との関係を結ぶ大きな力がわからなくなって人間性を喪失していく。すると現実から逃避して、小さなさとりに安住して自己満足する立場（二乗《にじょう》＝声聞《しょうもん》と縁覚《えんがく》）に陥《おちい》ってしまう危険がある。だから厳しく自己を律する宗教的倫理のみで生きようとして、それを貫くのは至難の技、「難行《なんぎょう》」というのです。

行《い》き易《やす》い道がある

では、そのようなあり方で人間を失っていく者には、もう道はないのか。いや、ここにもうひとつの道、「易行《いぎょう》」が開かれてくるのです。それは自分の力で人間を乗り越えようとするのではなく、すでに仏《ぶつ》と成《な》り、人間を超えて人間を成就《じょうじゅ》し、人間性の原理を「浄《じょう》土《ど》」として完成して、人間に呼びかけ続けている仏《ぶつ》の願《ねが》いの中で自己実現していく方向です。それが阿弥陀仏《あみだぶつ》をはじめ諸仏《しょぶつ》を心に憶《おも》い念《ねん》じ、仏《みほとけ》の名《みな》を聞き、称《とな》えることによって、浄土《じょうど》の世界に心を遊ばせて人生の花を咲かせていく道です。

龍樹《りゅうじゅ》はそれを、水上を渡る船にすべてを託《たく》して安心して乗っていく喩《たと》えで説明しています。阿弥陀仏《あみだぶつ》の本願《ほんがん》を信じ、念仏《ねんぶつ》して生きる時、自分の思いはからいという人為の限界を突破させられるのです。

仏《ぶつ》の願《ねが》いを憶《おも》い続けることによって生きることの意味と方向がしっかりと定まったことを「必定《ひつじょう》」といいます。それは、もう二度と退《しりぞ》かないという意味で「不退転《ふたいてん》」ともいうのです。

恩に報いる—すでにこの道あり

すでにこの道あり。これが「大悲弘誓恩《だいひぐぜいおん》」ということです。龍樹《りゅうじゅ》は仏道《ぶつどう》を歩み、自ら難行《なんぎょう》の限界を証明し、理論と実践の究極で、智慧《ちえ》と慈悲《じひ》とが統一された阿弥陀仏《あみだぶつ》の本願《ほんがん》と浄土《じょうど》の世界にめぐり会いました。それこそ人類史上に初めて灯された解放への燈《ともしび》でありました。しかも、それは私たちの魂の深奥にあって、目覚めを待ち続けている精神（こころ）の名のりだったのです。すでにこの道あり。その深い恩恵に報《むく》い、報《しら》せることこそ、念仏《ねんぶつ》の実践であります。それは、この世とわが身の虚仮不実《こけふじつ》とを見据《みす》え、人間を奪おうとするものと闘う社会的実践でもあります。

天親

天親菩薩造論説
帰命無碍光如来
依修多羅顕真実
光闡横超大誓願
広由本願力回向
為度群生彰一心

天親菩薩《てんじんぼさつ》、論《ろん》を造《つく》りて説《と》かく、
無碍光如来《むげこうにょらい》に帰命《きみょう》したてまつる。
修多羅《しゅたら》に依《よ》って真実《しんじつ》を顕《あらわ》して、
横超《おうちょう》の大誓願《だいせいがん》を光闡《こうせん》す。
広《ひろ》く本願力《ほんがんりき》の回向《えこう》に由《よ》って、
群生《ぐんじょう》を度《ど》せんがために、一心《いっしん》を彰《あらわ》す。

（意訳）

天親菩薩《てんじんぼさつ》は、仏《みほとけ》の心を『浄土論《じょうどろん》』に著《あら》わして説き、
〈私は　さまたげなき光の仏《みほとけ》のいわれを、
よく聞きわけ、信じて生きます〉と表明《ひょうめい》されました。

『永遠《えいえん》の寿《いのち》の経』(スートラ)によって真実《しんじつ》をあらわし、
迷《まよ》いの道《みち》をすみやかにとび超える
仏《みほとけ》の願いを明《あき》らかにされました。
そして　仏《みほとけ》は、願いの力《ちから》を広《ひろ》く回《めぐ》らし、さし向《む》け、
あらゆるものを救《すく》う仏《みほとけ》のはたらきを、
願いを信《しん》じる一心《いっしん》にこめておられることを
知らせています

四～五世紀の世界と宗教

四～五世紀にかけて始まったのは、民族大移動と宗教の伝播《でんぱん》です。西洋ではローマ帝国が分裂し始め、帝国がキリスト教と結合します。さらにゲルマン人の大移動が始まり、ローマ帝国は東西に分裂して西洋の古代が終末を迎えます。五世紀になって、ゲルマン諸国が相次いで建国され、西ローマ帝国は滅亡します。

中国は南北朝時代となり、インドから伝えられた仏教が次第に普及していきます。西域やインドの僧たちが仏典を翻訳したことが花を咲かせていくのです。敦煌《とんこう》には、千仏洞《せんぶつどう》が

開掘されました。一方、老子《ろうし》や荘子《そうじ》ら思想家たちによる道教《どうきょう》が成立し、その無為自然《むいじねん》の教えが浸透していきます。

インドでは、三八〇年頃からグプタ王朝の最盛期となり、インド固有の文化が復興しました。その一つの現れとして、バラモンの用語であるサンスクリット（梵語《ぼん》）が公用語として用いられるようになりました。だから、この時代の重要な仏教思想家のほとんどはバラモン（司祭者）の出身なのです。アジャンタなどで石窟寺院が開掘されました。やがて、五〇〇年頃にヒンズー教が興り、インドの民族宗教となるのです。

大乗《だいじょう》の仏道《ぶつどう》—新しい世界観と人間像

仏陀《ブッダ》釈尊《しゃくそん》のなき後、その教団（僧伽《サンガ》）は諸派に分かれ、伝統的形式主義的な保守派（上座部《じょうざぶ》）と教団改革的な進歩派（大衆部《だいしゅぶ》）に分裂します。上座部《じょうざぶ》は、仏陀《ブッダ》の悟《さと》りを目標にして修行するグループです。これに対して、仏陀《ブッダ》の遺骨を管理していた仏塔信者団ともいうべき人々は、大衆部《だいしゅぶ》の僧（比丘《びく》）たちと共に自らを「菩薩《ぼさつ》」と称して、独自の経典を創作し編纂《へんさん》し始めたのです。それは、仏陀《ブッダ》を無限の慈悲《じひ》と智慧《ちえ》をもった永遠《えいえん》なる存在として仰《あお》ぎ、その救済《きゅうさい》にあずかろうとする思想です。

「大乗《だいじょう》」とは、大きな乗り物のこと。仏の教えは人々を迷いの岸から悟りの岸へ運ぶ乗り物に喩《たと》えられていました。保守派の修行のあり方は、僧の個人的な救済にとどまっているという批判から、「小乗《しょうじょう》」とけなされるようになりました。そして、もっと広く深く、あらゆる存在（一切の衆生《しゅじょう》）と共に救われる「大乗《だいじょう》」の仏教運動にこそ、仏陀《ブッダ》の精神が生きているのだという主張が起こってきたのです。

そして、新しい世界観としての「浄土《じょうど》（解放された世界）」と、新しい人間像としての「菩薩《ぼさつ》（願いに生きる求道者）」が発見されたのです。菩薩《ぼさつ》が目指すのは、「他を救うことが自らの救いとなる（自利利他円満《じりりたえんまん》）」生き方です。

こうして、大乗《だいじょう》の仏教運動の中から仏陀《ブッダ》の真精神を顕わすために創作されたのが、『般若経《はんにゃきょう》』や『法華経《ほけきょう》』や『大無量寿経《だいむりょうじゅきょう》』や『維摩経《ゆいまきょう》』や『華厳経《けごんきょう》』などの、いわゆる大乗《だいじょう》経典でした。これらはきわめて芸術性の高い、文学的な経典でした。

天親《てんじん》という人

天親《てんじん》（ヴァスバンドゥ）は、四世紀初め頃、インド北西境ガンダーラ国のプルシャプラ（現在のペシャワール）という町でバラモンの家に生まれました。三人兄弟で、みな出家《しゅっけ》して仏教徒になりました。

長兄は無著《むぢゃく》（アサンガ）という名で、初めは「説一切有部《せついっさいうぶ》」（すべてが有《あ》ると主張する学派）に属しましたが、やがて飽きたらなくなって大乗《だいじょう》に転向します。天界で弥勒菩薩《みろくぼさつ》（未来の仏陀）に会って大乗を学んだといわれます。『摂大乗論《しょうだいじょうろん》』などの著作が有名です。

天親《てんじん》（ヴァスバンドゥ）も最初は兄の学派に所属しました。やがて、その思想を批判的に整理して『倶舎論《くしゃろん》』を著しました。兄の感化によって大乗に転向した天親は、その仏教思想を展開させて大乗の多くの経典に注釈を書きました。『大無量寿経《だいむりょうじゅきょう》』を注釈したのが『浄土論《じょうどろん》』と呼ばれる詩と散文による作品です。

天親《てんじん》の教えは、唯識《ゆいしき》思想といいます。その思想書には『唯識《ゆいしき》三十頌《じゅ》』などがあります。

唯識《ゆいしき》とは何か

唯識《ゆいしき》とは、「この世のすべてはただ識《しき》、すなわち心にすぎない」という見解です。『般若《はんにゃ》経《きょう》』の空《くう》の思想を受け継ぎ、「すべてに実体はない」というのですが、しかし少なくても、まず識《しき》（こころ）は存在するというのです。

これは、『般若経《はんにゃきょう》』ではまだ明らかにされていなかったことを説くもので、『解深密経《げじんみっきょう》』という経典において「心の本質とは何か」が究明されていたからです。さらに『華厳経《けごんきょう》』には「人間の迷いの世界はみな心のみで成り立っている（三界唯心《さんがいゆいしん》）」とあります。

このような考えに立って、自己の心のあり方を見つめ、心の根底にあるのは何かを探るのです。

意識の深みにあるものとは何でしょうか。唯識《ゆいしき》思想では、人間の煩悩《ぼんのう》の正体をさぐって、まず心を分析していきます。眼や耳、鼻、舌、身の感覚器官（五官）にある心。そして意識する心（第六識）。さらに、もっと奥にある、いわゆる深層意識を二つあげます。末那《まな》識《しき》（第七識）と阿頼耶識《あらやしき》（第八識）です。

末那識《まなしき》とは、意識の奥にはたらく自我への執着の心のことです。なんだかんだといっても、結局は己が一番かわいい、根っこにあるのは自分本位の心でしかないということです。

阿頼耶識《あらやしき》とは、さらにその心を掘り下げていくと、存在の根本にある心があるというのです。しかし私たちにとっては、まったく無意識の世界です。だから自分の力で阿頼耶識《あらやしき》を自覚することはできません。それほど深い魂（こころ）のことです。

この心には、あらゆる経験や教えが内蔵されています。その中に蓄えられているのが、言葉の種（名言種子《みょうごんしゅうじ》）と仏《ぶつ》に成るための種（本有種子《ほんぬしゅうじ》・新薫種子《しんくんしゅうじ》）です。あらゆる現象は、言葉と密接な関係をもっています。この種が、縁《えん》に触れて声として行為として出てくるのです。このように私たちの身と心の奥に蓄えられ、身に食い入り、身そのものになっているのが種です。だから「しかるべき因縁がはたらきかけるならば、どんな行いでもするだろう」（『歎異抄《たんにしょう》』）ということなのです。

このように、心とは何かを掘り下げて、すべての存在を心の中に還元し、しかもその全存在のあり方を三つに分類します。

分別《ふんべつ》されたあり方（遍計所執性《へんげしょしゅうしょう》）

因《いん》と縁《えん》という他との関わりによって現れたもの（依他起性《えたきしょう》）

完成された真に存在するもの（円成実性《えんじょうじっしょう》）

このような存在認識の立場から、自分の心のあり方をヨーガ（瑜伽行《ゆがぎょう》）の実践を通して変革することで、悟《さと》りに至る道を教えるのが唯識《ゆいしき》思想です。ヨーガとは、精神統一して瞑《めい》想《そう》に入るための実修法のことです。

唯識《ゆいしき》思想は、西洋哲学の唯心論とは違います。なぜなら、心の存在もまた幻のような、夢のようなものでしかないと、究極的には心そのものも否定されていくからです。

天親《てんじん》の大きな仕事

唯識《ゆいしき》思想は、大乗仏教における最高の理論的達成であるとともに、ヨーガによる実践を強調します。そして、その第一人者である天親《てんじん》（ヴァスバンドゥ）によって発見された新世界が浄土《じょうど》であり、浄土《じょうど》によって解放され続けていく方法としての信心《しんじん》、すなわち一心《いっしん》なのです。それはヨーガというよりは徹底して教えを聴聞《ちょうもん》することです。幻を実像だと思い込んでいたことに気づかされ、夢からさめるのです。

ここに「天親菩薩造論説《てんじんぼさつぞうろんせつ》」とあるのは、天親《てんじん》が著した『浄土論《じょうどろん》』の意義をほめたたえているのです。それは『大無量寿経《だいむりょうじゅきょう》』への注釈書です。この経典には、大乗《だいじょう》の人間像としての法蔵菩薩《ほうぞうぼさつ》の誓願《せいがん》が説かれ、新しい世界観としての浄土《じょうど》への道が説かれています。その中に説かれた仏陀《ブッダ》釈尊《しゃくそん》の本心を深く読み取って明らかにしたというのが、天親《てんじん》の大きな仕事だったのです。

帰入功徳大宝海
必獲入大会衆数
得至蓮華蔵世界
即証真如法性身
遊煩悩林現神通
入生死園示応化

功徳大宝海《くどくだいほうかい》に帰入《きにゅう》すれば、
必《かなら》ず大会衆《だいえしゅう》の数《かず》に入《い》ることを獲《う》。
蓮華蔵世界《れんげぞうせかい》に至《いた》ることを得《え》れば、
すなわち真如法性《しんにょほっしょう》の身《しん》を証《しょう》せしむと。
煩悩《ぼんのう》の林《はやし》に遊《あそ》びて神通《じんずう》を現《げん》じ、
生死《しょうじ》の園《その》に入《い》りて応化《おうげ》を示《しめ》す、といえり。

（意訳）

仏《ほとけ》の恵《めぐ》みに満《み》ちた、宝の海のような願いを信ずれば、
必《かなら》ず仏《みほとけ》の国で説法《せっぽう》に会《あ》う聴衆《ちょうしゅう》の数《かず》に入るのです。
蓮華《れんげ》のような世界である仏《みほとけ》の国に至《いた》りつけば、
すぐに真実《しんじつ》のさとりを身《み》にうけて、
煩悩《ぼんのう》はげしい生活の中でも、いのちの感覚《かんかく》を失わず、
生《せい》と死《し》の不安《ふあん》におののく現実の中に入っても、
まるで林《はやし》や園《その》に遊ぶように、たのしく、人と出会《であ》い、呼《よ》びかけ、関《かか》わりつづけてゆけ

るのです。

このようにいわれました。

一心《いっしん》―表現された心

天親菩薩《てんじんぼさつ》の仕事の大きさとは、単に偉大な仏教学者であったというのではありません。親鸞《しんらん》が祖師《そし》として仰ぐのは、天親《てんじん》が広大無辺《こうだいむへん》の世界・浄土《じょうど》への道を明らかにする『論《ろん》』（浄土論《じょうどろん》）を造り、一心《いっしん》という宗教心を表現したからなのです。

『正信偈《しょうしんげ》』における「彰一心《しょういっしん》」は、「一心《いっしん》を彰《あら》わす」と読みます。それは、阿弥陀仏《あみだぶつ》の本願《ほんがん》が私たちのいのち、生活にまでなった時には、一心《いっしん》という心として表現されてくるということです。一心《いっしん》ですから、あれやこれやでなく、ただ一つのことが明らかにされてくる心です。それは至純《しじゅん》にして簡素な、はっきり在《あ》るとうなずけるような真実そのもののはたらきです。

一心《いっしん》が開く新世界・浄土《じょうど》の道

ここで天親《てんじん》の『浄土論《じょうどろん》』の内容に入ります。前半は詩（偈文《げもん》）、後半は散文（長行《じょうぎょう》）

で構成されています。

まず「世尊《せそん》よ、我《われ》は一心《いっしん》に、尽十方無碍光如来《じんじっぽうむげこうにょらい》に帰命《きみょう》して、安楽国《あんらくこく》に生《う》まれんと願《がん》ず」という言葉で始まります。意訳すれば、

「世尊《せそん》、お釈迦《しゃか》さまよ、我一心《がいっしん》、私は我が身の上に、あなたの一番伝えたかった真実に出会い、疑いなくうなずくことができました。それは、あなたが『無量寿経《むりょうじゅきょう》』で説いておられる阿弥陀《あみだぶつ》仏の本願《ほんがん》が私の心にはたらきかけ、私の心になり、信心《しんじん》として表現されてきたからです」

それは、バラモン教を捨て、仏教を学問的に学び尽くしてきた天親《てんじん》が、さらに生きた人間の現実に即して表現された本願《ほんがん》の世界、浄土《じょうど》にめぐり会うことができたことへの感動の告白であり、信心《しんじん》の表 白《ひょうびゃく》でした。

浄土《じょうど》への道・浄土《じょうど》からの道

こうして天親《てんじん》はひろく浄土《じょうど》の荘厳《しょうごん》を観察《かんざつ》して一心《いっしん》の展開を述べ、終わりに一切衆生《いっさいしゅじょう》と共に願生《がんしょう》しようと呼びかけて詩が終わります。そこには、仏《みほとけ》の心によって荘厳《しょうごん》された世界、菩薩《ぼさつ》のはたらきによって荘厳《しょうごん》された世界、そして全ての存在を受け容れる器《き》（うつ

わ）として荘厳《しょうごん》された仏国土《ぶっこくど》の世界の三つの世界がうたわれます。さらにその三つの在り方をより具体的に、二十九種の荘厳《しょうごん》をあげるのです。荘厳《しょうごん》とは、厳《おごそ》かに見事に飾り整えるという意味です。仏《みほとけ》の願心《がんしん》によって荘厳《しょうごん》されたのが、浄土《じょうど》の世界であるからです。

次の散文では、浄土《じょうど》を願って生きる姿である実践（行《ぎょう》）について、五つの宗教的実践（五念門《ごねんもん》の行《ぎょう》）を現していきます。

浄土《じょうど》への道—五念《ごねん》による浄土《じょうど》への門《もん》

これは、宗教心が具体的な形として現れると、次のような五つの行になってくるというのです。

一、礼拝《らいはい》の門《もん》……真実なるものへの敬《うやま》いと帰依《きえ》。
二、讃嘆《さんだん》の門《もん》……仏《みほとけ》の名《みな》をほめ称《とな》えて心にかなう。
三、作願《さがん》の門《もん》……浄土《じょうど》に生まれたいと願う。
四、観察《かんざつ》の門《もん》……浄土《じょうど》の荘厳《しょうごん》をよく観察する。
五、回向《えこう》の門《もん》……自分だけの救いでなく、一切の苦悩の衆生《しゅじょう》と共に生きることを願って生きる。

浄土《じょうど》からの道―五念《ごねん》の行《ぎょう》の功徳《くどく》と成就《じょうじゅ》の門《もん》

この五念《ごねん》の門《もん》によって浄土《じょうど》への道が開かれると、そこから今度は五つの功徳《くどく》の門《もん》が現れます。功徳《くどく》とは、仏の願いに目覚めた者に現され獲得されるすばらしい徳性《とくせい》のことです。

一、近門《ごんもん》……礼拝《らいはい》によって浄土《じょうど》の門が身近になる。つまり仏の方から近づいてくるようになる。

二、大会衆門《だいえしゅうもん》……讃嘆《さんだん》によって浄土《じょうど》に生きる人と出会う。真実を求める友だちができる。

三、宅門《たくもん》……作願《さがん》によって浄土《じょうど》の宅《たく》の客となれる。いつでもそこへ訪問できる場が与えられる。

四、屋門《おくもん》……観察《かんざつ》によって浄土の屋内《おくない》に住める。まったくそこの一員となり、主人公となれる。

五、園林遊戯地門《おんりんゆげぢもん》……回向《えこう》によって浄土《じょうど》から迷いの現実にたち還《か》える。どんな世界にも生きてゆき、いのちの感覚を現して、はたらきかける。

このように、浄土《じょうど》への道と、浄土《じょうど》からの道を述べているのです。

これらは決して遠い世界の話ではありません。私たちの人間関係や社会との関わりに即して五念《ごねん》の門《もん》、五功徳《ごくどく》の門《もん》を当てはめてみることもできます。私は浄土《じょうど》を学校、人間解放の学校に喩えてみたりします。現実にはない、けれど本当に願われている解放の学校があるとしたら、この五つの方法で入学し、修学し、卒業していくことができるのでしょう。

煩悩《ぼんのう》の林・生死《しょうじ》の園

『正信偈《しょうしんげ》』では、天親《てんじん》の教えをこのような五念《ごねん》の門という宗教的実践と、その功徳《くどく》というテーマによってうたっているのです。

その天親《てんじん》の章の最後にあるのが「煩悩《ぼんのう》の林《はやし》に遊《あそ》びて神通《じんづう》を現《げん》じ、生死《しょうじ》の園《その》に入《い》りて応化《おうげ》を示《しめ》す」という二句です。この言葉には、とても奥深い魅力的なものを感じます。

仲野良俊《なかのりょうしゅん》さんは、煩悩《ぼんのう》や生死《しょうじ》が林や園に喩えられていることを重視していました。林や園というが、何も安全で快適な場所ではない。これはむしろジャングルのことなのだと。何が出てきて襲いかかってくるかわからない、危険がいっぱいの娑婆《しゃば》、つまりこの現実世界はジャングルである。でも、その危ない娑婆《しゃば》に出てゆける。それも遊ぶように悠々と生きてゆける。それが浄土《じょうど》にふれた者の功徳《くどく》なのだと。

だから、ここを意訳する時に、初めは次のようにしてみたのです。

「煩悩《ぼんのう》はげしく、生と死の不安におののく現実はまるで林や園（ジャングル）のようだが、その中にあっても、いのちの感覚を失わず、遊ぶように楽しく人と出会い、呼びかけ、関わりつづけてゆけるのです」

それを、あえて本文の初めに掲げたような意訳にしてみたのは、私なりに「林」「園」「遊」ということの意味にこだわりたかったからです。

「遊び」について考える

「林」と「園」についてですが、どちらも自然と人間との関係を抜きにしては考えられません。自然の中に人と人とが出会い、学びながら遊ぶ場を開くから、幼稚園や学校のことを学園とか学林というのでしょう。大阪にあるユニークな幼稚園では、「ここは自然の中で遊ぶ庭園、園長とはまさに庭師のようなもの」と、園長自らが語っていたのを思い出します。厳しい現実だからこそ、そこに遊びの場として林や園を造らずにはおれないということがあるのです。だから私はあえて「林や園に遊ぶようにたのしく」というふうに意訳してみたのです。

さて、「遊び」についてです。これは「遊戯《ゆげ》」という仏教語からきています。仏《ぶつ》・菩薩《ぼさつ》の自由自在で何ものにもとらわれないことをいいます。中国にも古くから荘子《そうじ》の「遊《ゆう》」の思想があります。

「遊びをせんとや生まれけむ、戯《たわむ》れせんとや生まれけん、遊ぶ子供の声聞けば、わが身さえこそゆるがるれ」（『梁塵秘抄《りょうじんひしょう》』）

（遊び戯《たわむ》れようとして、この世に生まれてきたのだろうか。遊ぶ子供の声を聞くと、自分の体までが自然に動きだすようだよ）

これは十二世紀（平安時代）に、後白河上皇《ごしらかわじょうこう》によって編集された日本最古の流行歌集『梁塵秘抄《りょうじんひしょう》』にある有名な歌です。後白河《ごしらかわ》という人は最高の権力者でしたが、乙前《おとまえ》という老女から庶民の流行歌を習って研究していたのです。

「ここでいう「遊び」「ゆるぐ」は、普通に現代人が読めば、人間は遊ぶのが本性（ホイジンガの「ホモ・ルーデンス」）だという意味のようだが、この時代に帰してみると、そうでもないらしい。「遊ぶ」を「遊女」の〝遊〟と解して「身をゆるがす悔恨をうたったものであろう」とする小西甚一説、「ゆるがるれ」とは「自分の信じていたものが根底からくずれてゆきそうだ、という感じ」とする寺山修司説などあるという。いずれにしても、アソビ、タハブレという語には人間の日常に対して、非日常的な時間を指す意味があるといえる。（中村とうよう…ビクターレコード／桃山晴衣『遊びやせんと生まれけん』解説より）

自動車のハンドルに「遊び」があります。直接役には立たないが、これがないと運転はスムーズにできません。私たちの人生にも「遊び」は欠かせないでしょう。どんなに厳しく重い状況でも、遊び心を潤滑油にすると、それを悠々と自在に引き受けてゆけるかもしれません。

親鸞《しんらん》は「生死《しょうじ》に処《しょ》して疲厭《ひえん》なし」（『教行信証《きょうぎょうしんしょう》』信巻・華厳経《けごんきょう》の文）といいます。生と死を合わせ持つこの人生の真っ只中で、疲れを知らずに生きてゆけるというのです。それこそ「遊び」の究極であり、浄土《じょうど》真実の救いです。

曇鸞

本師曇鸞梁天子
常向鸞処菩薩礼
三蔵流支授浄教
焚焼仙経帰楽邦
天親菩薩論註解
報土因果顕誓願

本師《ほんじ》、曇鸞《どんらん》は、梁《りょう》の天子《てんし》
常《つね》に鸞《らん》のところに向《む》こうて菩薩《ぼさつ》と礼《らい》したてまつる。
三蔵流支《さんぞうるし》、浄教《じょうきょう》を授《さず》けしかば、
仙経《せんぎょう》を焚焼《ぼんしょう》して楽邦《らくほう》に帰《き》したまいき。
天親菩薩《てんじんぼさつ》の『論《ろん》』、註解《ちゅうげ》して、
報土《ほうど》の因果《いんが》、誓願《せいがん》に顕《あらわ》す。

（意訳）
曇鸞大師《どんらんだいし》は、梁《りょう》の時代の国王が
常に菩薩と敬い礼拝していた方です。
三蔵法師《さんぞうほうし》の菩提流支《ぼだいるし》との出会《であ》いによって

永遠《えいえん》の寿《いのち》を説いた教えを授《さず》かり、
長生不死《ちょうせいふし》の迷信《めいしん》を説く仙経《せんぎょう》を焼《や》きすてて、
仏《みほとけ》の願いの国をよりどころにされました。
天親菩薩《てんじんぼさつ》の『浄土論《じょうどろん》』を解《と》き明《あ》かし、
仏《みほとけ》に報《むく》われた国土《こくど》の成《な》り立《た》ちや、そこに生まれるいわれも、
すべて願いにもとづくと述《の》べました。

中国浄土教のルーツ

インドからシルクロードを経て仏教が伝えられたのは、二世紀の後半でした。多くの仏典が翻訳されていきます。その中に『般舟三昧経《はんじゅざんまいきょう》』があります。このお経は、西方浄土《さいほうじょうど》の阿弥陀仏《あみだぶつ》を念ずるときの実践の行法《ぎょうほう》を説いたものです。

「般舟三昧《はんじゅざんまい》」という瞑想《めいそう》の境地に入ると、十方の諸仏《しょぶつ》が「前に立ち現れる」というのです。この「前に立ち現れる」というのが般舟《はんじゅ》という語の意味です。

この教えをもとにして、中国で初めて念仏《ねんぶつ》を称《とな》えたのが慧遠《えおん》（三三四〜四一六）です。彼は廬山《ろざん》にこもって白蓮社《びゃくれんしゃ》という念仏結社《ねんぶつけっしゃ》を作り、仏道の実修をしました。慧遠《えおん》はまた、

四〇二年に王位に就こうとした桓玄《かんげん》が、沙門《しゃもん》（出家者《しゅっけしゃ》）に対して王への敬礼を要求したことを徹底的に批判して『沙門不敬王者論《しゃもんふきょうおうじゃろん》』を著わしました。出家者は、君主に対して敬礼をしなくてもよいという、仏教者の立場を明らかにしたのです。しかし彼の浄土教は戒律《かいりつ》主義的なものであって、後の曇鸞《どんらん》、道綽《どうしゃく》、善導《ぜんどう》の浄土教《じょうどきょう》には受け継がれませんでした。

曇鸞《どんらん》とその時代

曇鸞《どんらん》（四七六〜五四二）が生まれたのは、中国の南北朝時代でした。南方では漢民族が貴族的な文化の中で栄華を極めていました。北方では、モンゴル系の騎馬民族が支配する中で、漢民族の文化がもてはやされていました。

その文化の中核になっていたのは、仏教《ぶっきょう》でした。仏教は六朝時代に国家の保護をうけて発達し、人々の精神的支柱になっていたのです。仏図澄《ぶっとちょう》や鳩摩羅什《くまらじゅう》や達磨《だるま》という仏教者が、中国へやって来たのも同時期です。

この時代には、また老荘《ろうそう》思想の「無為自然《むいじねん》の道《どう》」が考究され、道教《どうきょう》が成立しました。

しかし、曇鸞《どんらん》が生まれる三十年前には、中国の仏教史上初めての厳しい廃仏《はいぶつ》、仏教弾圧が行われていたのです。これは道教《どうきょう》の信奉者であった太武帝《たいぶてい》が、四四六年から七年間も強行をしました。その後、仏教は復興し、その一大国家事業として開かれたのが、有名な雲岡《うんこう》や竜門《りゅうもん》の石窟《せっくつ》でした。

曇鸞《どんらん》の修学

曇鸞《どんらん》は、山西省北部に生まれ、十五歳で五台山において出家《しゅっけ》しました。その学は広く、インドの龍樹《りゅうじゅ》系の大乗《だいじょう》仏教から、当時の新仏教の流れである『涅槃経《ねはんぎょう》』『大集経《だいじつぎょう》』『金《こん》光明経《こうみょうきょう》』にも及んだといわれます。そして「仏性《ぶっしょう》とは何か」というテーマを追究していきました。「仏性《ぶっしょう》」とは、あらゆるものが本来持っている仏になる可能性のことで、『涅《ね》槃経《はんぎょう》』に説かれています。

曇鸞《どんらん》は、『大集経《だいじつきょう》』という膨大《ぼうだい》な経典に強く魅かれました。そこには十方の仏《ぶつ》・菩薩《ぼさつ》・諸《しょ》天《てん》・魔《ま》・鬼《き》などを集めて大乗《だいじょう》の法《ほう》が説かれ、ことごとくが仏教に帰依していくプロセスが展開されています。また当時の、アジア全域にわたる天文星宿《てんもんせいしゅく》の説の集大成にもなっています。この経はとても難解なので、曇鸞《どんらん》は註釈書を書こうとしますが、志なかばで病に倒れます。

神仙の術を得る

曇鸞《どんらん》は転地療養中に霊感を受けて治癒しますが、その時から死への不安を感じ、先の研究を続けるために不老長寿《ふろうちょうじゅ》の法を得ようとしました。この頃、曇鸞《どんらん》はすでに五十歳を越えていたのですが、なお迷い、惑い続けていたことがうかがえます。

彼は病後の身を引きずって北から南へと旅をして、江南にいた道教《どうきょう》の道士・陶弘景《とうこうけい》(四五二〜五三六)にめぐりあい、ついに神仙《しんせん》の術《じゅつ》・不老長寿《ふろうちょうじゅ》の仙経《せんぎょう》を授かります。その仙経《せんぎょう》が何だったのかは不明ですが、今でいう健康法でしょう。

ちなみに紀元三百年頃、後漢が滅び西晋が中国を統一した当時、葛洪《かっこう》という医者の著わした『抱朴子《ほうぼくし》』という仙道《せんどう》の書があります。不老法とか錬金術が成立した時代です。この書物に、仙人《せんにん》になるための方法が、およそ次のように説かれています。

一、くよくよと考えずに外の問題にあまり耳を貸さず、枯木のように座って、無心になる。

二、生臭いもの、穀類を食べないようにして、腸の中をきれいにする。

三、仙薬を服用する。

四、房中術を行って精をもらさないようにする。

五、息を調える法を身につける。

つまり、若さを保ち健康で長生きするためには、精神的ストレスを避け、食事療法、漢方薬、セックス管理、呼吸法が大事だというのです。昔も今も身体にいいことを追い求める心情に変わりはありません。

仙経を焼いて楽邦に帰す

もうこれで大丈夫と帰途についた曇鸞《どんらん》は、都の洛陽《らくよう》に立ち寄ります。そこには北インドから来ていた仏教者・菩提流支《ぼだいるし》（ボーディルチ　?〜五二七）がおり、仏典翻訳の大家として尊敬されていました。曇鸞《どんらん》は菩提流支《ぼだいるし》を訪ねてみました。さっそく、陶弘景から伝授された仙経《せんぎょう》の秘書を示して「インドの仏法にもこのような長寿の法がありますか」と質問したのです。

菩提流支《ぼだいるし》はそれを聞いて、言下に吐き出すように答えました。

「およそ人間世界のどこに〈長寿の法〉などあるものか。長生きしても、やがて必ず死ぬではないか。そして結局は輪廻《りんね》を繰り返し、生まれては死に、死しては生まれ、また死するのみではないか。仏法とは、その輪廻《りんね》を断ち切っていく不死永生《ふししょうしょう》の法である。おまえはいったい仏法の何を学んできたのか」

そして浄土三部経《じょうどさんぶきょう》のひとつである『観無量寿経《かんむりょうじゅきょう》』を出して、「これこそまことの大仙《だいせん》の法である。この経によって生死《しょうじ》の絆《きずな》から解放されて永遠《えいえん》の寿《いのち》を得るのだ」と曇鸞《どんらん》に授けたのです。

この一喝《いっかつ》で曇鸞《どんらん》は迷信から目が覚めました。

「菩提流支《ぼだいるし》は私のことを本気で叱ってくださった。よし、これでわかった。捨てよう」

そして、せっかく苦心して得た仙経をただちに焼き捨てたのです。この時が曇鸞《どんらん》の回心《えしん》でした。生死《しょうじ》を越える道としての仏法に、知識としてでなく、人間が救われる事実として出会ったのです。

ちょうどこの頃、洛陽の都では悲惨、目を覆わしめるクーデターが続発していました。梁の五二八年に、孝明帝が死去したとたん、軍が反乱して王室はじめ官僚千三百余人を皆殺しにしました。反乱軍に対抗して攻めてきた荘帝五千の兵も完敗し、洛陽の永寧寺で殺されてしまいます。

曇鸞《どんらん》がいたのは、このような事変の真っ只中だったと思われます。いっそう世の有為転《ういてん》変《ぺん》を感じ、生死の不安をつのらせて、現実の人生問題を深く内省せざるをえなかったことが想像できます。

成仏《じょうぶつ》の道は他力《たりき》の信心《しんじん》

菩提流支《ぼだいるし》は、天親菩薩《てんじんぼさつ》の『浄土論《じょうどろん》』を翻訳した人でした。こうして仏法に出会《であ》い直《なお》し、『浄土論《じょうどろん》』にめぐり遇うことのできた曇鸞《どんらん》は、その註釈書『浄土論註《じょうどろんちゅう》』（『往生論註《おうじょうろんちゅう》』ともいう）を著わしたのです。

それは、末法《まっぽう》の世、無仏《むぶつ》の時代には、他力《たりき》の信心《しんじん》によって浄土《じょうど》へ往生《おうじょう》する縁《えん》を結び、それによって成仏《じょうぶつ》の道（真に人間を成就する道）を歩む以外にはない。その浄土《じょうど》（仏《みほとけ》に報《むく》われた国土）とはすべて本願《ほんがん》（法蔵菩薩《ほうぞうぼさつ》の誓願《せいがん》とその成就《じょうじゅ》）にもとづく。このような教えを明らかにしたのが『浄土論註《じょうどろんちゅう》』なのです。

往還回向由他力
正定之因唯信心
惑染凡夫信心発
証知生死即涅槃
必至無量光明土
諸有衆生皆普化

往《おう》・還《げん》の回向《えこう》は他力《たりき》に由《よ》る。
正定《しょうじょう》の因《いん》はただ信心《しんじん》なり。
惑染《わくぜん》の凡夫《ぼんぶ》、信心発《しんじんほつ》すれば、
生死即涅槃《しょうじそくねはん》なりと証知《しょうち》せしむ。
必《かなら》ず無量光明土《むりょうこうみょうど》に至《いた》れば、
諸有《しょう》の衆生《しゅじょう》、みなあまねく化《け》すといえり。

（意訳）

その国《くに》へ往《ゆ》くのも　その国から還《かえ》るのも
自力《じりき》ではなく仏《ほとけ》が願いの力を回《めぐ》らし　さし向《む》けておられる他力《たりき》によるのです。
真実《しんじつ》に生《い》きて往《ゆ》く方向が定《さだ》まるその原因は
ただ　願いを信じる心にあるのです。
まどいの人が　信じる心　をおこしたならば
生と死の迷いや不安は　そのまま　さとり
となり人生は無意味ではなかったと気づかされるのです。

限《かぎ》りない光の世界を生きるものは　必《かなら》ず
あらゆる　いのち　を輝《かがや》かしていけるのです。
このようにいわれました。

回向《えこう》ということ

中国で浄土教《じょうどきょう》を広めた曇鸞《どんらん》の教えは、他力回向《たりきえこう》ということです。インドの龍樹《りゅうじゅ》から天親《てんじん》へと受け継がれてきた大乗仏教《だいじょう》と浄土《じょうど》思想では、回向《えこう》が重要なテーマになってきました。回向《えこう》というと、今日では一般に、葬儀や法事などを営んで死者の追善供養《ついぜんくよう》をする意味になっていますが、本来は「自分の修《おさ》めた功徳善根《くどくぜんごん》を他《た》にふりむけて及《およ》ぶこと」が定義です。

だから龍樹《りゅうじゅ》は易行《いぎょう》道《どう》を開き、天親《てんじん》も五念門《ごねんもん》（礼拝《らいはい》・讃嘆《さんだん》・作願《さがん》・観察《かんざつ》・回向）という行為によって自分に与えられた功徳を他の人々に回向《えこう》して共に仏道《ぶつどう》を往《ゆ》くことが必要だと述べます。でも、そこには自力《じりき》的な修行という感じがついてまわります。

そこで、曇鸞《どんらん》は天親《てんじん》の『浄土論《じょうどろん》』を解釈して、まったく違った回向論《えこうろん》をうちたてました。それが他力回向《たりきえこう》です。他力《たりき》とは絶対他者である阿弥陀仏《あみだぶつ》の力のことです。他力回向《たりきえこう》とは、人間のあらゆる功徳《くどく》の出発点を阿弥陀仏《あみだぶつ》の本願《ほんがん》におき、そこから回向《えこう》が始まったという解釈です。これを他人の力と解するのは誤りです。他力《たりき》とは、いわゆる自力《じりき》を与え、自《じ》力《りき》の根源をなす阿弥陀仏《あみだぶつ》の本願《ほんがん》の力のみを意味するのです。

往還回向由他力《おうげんえこうゆたりき》とは

曇鸞《どんらん》はそれを「人にさとりを求める力も、さとりを開いて迷っている人々を教え導く力も、他力《たりき》による」（『浄土論註《じょうどろんちゅう》』）と説いています。これが『正信偈《しょうしんげ》』でうたわれている「往還回向由他力《おうげんえこうゆたりき》」の意味なのです。

浄土《じょうど》に生まれることを願う姿（往相《おうそう》）も、浄土《じょうど》にとどまらずにこの現実に関わり続ける姿（還相《げんそう》）も、ともに他力《たりき》のはたらきによるのだと。これはまことに画期的な考え方でした。

「五濁《ごじょく》の世《よ》、無仏《むぶつ》の時《とき》」と曇鸞《どんらん》は歴史への危機意識を持っています。そのような世と時代に生きる者が、浄土《じょうど》を願うのは、他力《たりき》の回向《えこう》が自分の上にはたらき、願生心《がんしょうしん》を発起《ほっき》せしめられたからだという深いうなずきがあるのです。

何を・なぜ・いかに

曇鸞《どんらん》は、仏の本願力《ほんがんりき》によって仏道を歩む者が常にもっているべき問いを三つあげます。まず「何所依《がしょえ》」、何《なに》を依《よ》り所《どころ》にするのか。それは「修多羅《しゅたら》」、経《きょう》（『無量寿経《むりょうじゅきょう》』）によると答えます。次に「何故依《がこえ》」、なぜ経に依《よ》るのか。真実の功徳がはたらくからであると答えます。最後に「云何依《うんがえ》」、いかなる方法に依るのか。五念門《ごねんもん》の実践によって相応《そうおう》すると答えます。

さらにその方法をつきつめていくと、「無碍光如来《むげこうにょらい》の名《みな》を称《しょう》せよ」、仏《みほとけ》の名《みな》を称《とな》えて生きるべきだ。それは衆生《しゅじょう》のすべての無明《むみょう》を破り、すべての志願《しがん》を満たすからだと。しかし、私たち人間はどこまでも自力《じりき》の心と、不透明な信心によって仏《みほとけ》の名《みな》に相応《そうおう》できずにいる存在である。それをなお超えていく道こそが他力回向《たりきえこう》、阿弥陀仏《あみだぶつ》の他力《たりき》に縁《よ》るのだと行き着くのです。

親鸞《しんらん》の名のり

親鸞《しんらん》がみずからの名前に、浄土《じょうど》の意義を明らかにしたインドの天親《てんじん》と、他力回向《たりきえこう》を説いた中国の曇鸞《どんらん》という祖師《そし》たちから一字ずつ取っているのは、そのテーマを受けとめたからです。

親鸞《しんらん》は、曇鸞《どんらん》のことを『高僧和讃《こうそうわさん》』で次のように書いています。

「中国の梁《りょう》の国の天子《てんし》だった蕭王《そうおう》は、いつでも北の方、曇鸞《どんらん》のいる方に向かって、〝鸞菩薩《らんぼさつ》〟といって礼拝《らいはい》した」

古田武彦さんは、その著『親鸞』（清水書院）という本で、

「ところが、日本の天子《てんし》はどうか。中国の曇鸞《どんらん》の仕事を日本で行った人、『専修念仏《せんじゅねんぶつ》』としてさらに深めた人、その法然《ほうねん》に対して何をしたか。ほしいままに法に背《そむ》き、正義に反して、流刑・死刑の悪道を行ったのである。流罪《るざい》のまっただなかの親鸞《しんらん》が、その『曇鸞《どんらん》』の名まえをもって、自分の名まえを構成したとき、かれの心をみたしていたものは何か。日本の天子《てんし》たちの非道《ひどう》への怒りと、抗議にほかならなかったのである」

と書いています。名のりに込めた志を思います。


浄土《じょうど》はあの世か？

親鸞《しんらん》は、他力回向《たりきえこう》を徹底させたので、臨終の際の極楽浄土《ごくらくじょうど》からのお迎《むか》えの儀式（来迎《らいごう》往生《おうじょう》）や、死んでからあの世とやらへおもむく必要がないこと（無生《むしょう》の生《しょう》）を説いてい

ます。浄土《じょうど》の教えに出会い、生きる方向が定まれば（正定聚《しょうじょうじゅ》）、すでに現在において還《げん》相回向《そうえこう》の身となって大乗《だいじょう》の菩薩道《ぼさつどう》を歩めるというのです。しかも、あくまで自己の存在は阿弥陀仏《あみだぶつ》の本願《ほんがん》によって生かされている凡夫《ぼんぶ》（普通《ふつう》の人）なのであって、自力《じりき》を評価するという意識を微塵《みじん》も許さないのです。

天親《てんじん》・曇鸞《どんらん》・親鸞《しんらん》が明らかにした浄土《じょうど》とは、決して、この世ならぬ他界としてのあの世ではありません。浄土《じょうど》はこの迷いの世界（三界《さんがい》）を超えるという意味を持ちますが、「広《こう》大《だい》にして辺際《へんざい》なし」（『浄土論《じょうどろん》』）ですから、境界などないのです。

ところが、日本仏教では民族信仰と融合するうちに、浄土《じょうど》をあの世とする見方も定着しました。

現代でもそう信じて疑わない学者がいます。梅原猛《うめはらたけし》さんは、「仏教ではあの世のことを浄土《じょうど》という」と言います。そして、

「この世からあの世へ行くのが親鸞《しんらん》のいう往相回向《おうそうえこう》であり、あの世からこの世へ還《かえ》ってくるのが還相回向《げんそうえこう》である。浄土真宗《じょうどしんしゅう》はあの世とこの世の往復キップの保証である」（『日本人の魂』『あの世と日本人』）

とまで言い切るのです。それは日本古来からの神道のあの世観に基《もと》づいているのです。

他力本願《たりきほんがん》の意味を誤用したらムキになって抗議はしても、梅原さんのこの説に反論する本願寺の学僧はいないようです。

じつは本願寺教団の伝統的な宗学《しゅうがく》でも、似たような説き方がされてきたのです。「現当《げんとう》二益《にやく》」といって、現益《げんやく》（この世での利益）・当益《とうやく》（当来《とうらい》の世・後の世での利益）を説くのです。

「信心《しんじん》がおきたときは現生正定聚《げんしょうしょうじょうじゅ》の位《くらい》につく……そして命終って浄土《じょうど》に生まれるやいなや、そのとき仏《ぶつ》になる。この世とあの世の両方の利益《りやく》」（早島鏡正《はやしまきょうしょう》・東京大学名誉教授の『教行信証入門・正信偈』）

このように、お浄土《じょうど》へ生まれるというのは、死後のあの世のこととして説かれてきました。

かつて、金子大榮《かねこだいえい》さんが『浄土《じょうど》の観念《かんねん》』という本を書いたら、異安心《いあんじん》（異端者）だから教団から一時追放された事件がありました。一九二八年（昭和三年）のことです。金子さんは浄土《じょうど》を「観念界として・理想として・実在として」説かれた世界として述べ、その本来的なあり方を究明しようとしたのです。しかし伝統的な宗学に固執する当時の教団は、これを「極楽浄土の実在を否定する」と決めつけて、大谷大学を辞職させ、僧籍を剝《はく》奪《だつ》したのでした。なんとも情けない話ではありります。

往還回向《おうげんえこう》は念仏《ねんぶつ》の道

私は親鸞《しんらん》のいう往還回向《おうげんえこう》とは、あの世とこの世を往復することではないと思います。それは浄土《じょうど》という世界観によって、生きることの本来性に目覚めた者が、どこまでもこの社会的現実の矛盾や苦悩から逃げずに関わりを続けていく姿のことだと考えるのです。その関わりの接点になるのが「仏《ぶつ》ここにあり」と呼びかけている真実の言葉にまでなった「南無阿弥陀仏《なむあみだぶつ》」の名号《みょうごう》です。その名のり・念仏《ねんぶつ》のはたらきを他力《たりき》というのだと。それは私に先だって他力《たりき》にめぐり遇《あ》ってきた無数の人々と、この私とが、念仏《ねんぶつ》を仲立《なかだ》ちとして往《ゆ》きかい、証《あかし》しあう道が回向《えこう》されているということです。

そういえば、昔は道のことを往来とか、往還《おうかん》とも言いました。

苦海が浄土とは?

石牟礼道子さんは『苦海浄土―わが水俣病―』という小説で、水俣病に冒された患者さんの心象風景に分け入り、その苦しみ、悲しみ、叫び、怒りを自分の痛みとして内面にとらえた時、「苦しみの海が浄土になる」という表現をされました。それは、この世の一番つらい苦しみ痛みをもたらされて身と心が分裂し、この世からも引き裂かれて生き地獄を見た人々の心の中にありありと生きている、公害によって汚されていなかった頃の海や自然こそがまさに「浄土《じょうど》」であったからです。

その苦しみの海には及びもつかないのですが、私たち一人一人の中にも、失われてしまった時や環境を心の奥底で切実に思い起こすことがあるのではないでしょうか。

かつて白砂青松《はくしゃせいしょう》だった大阪湾が私のまぶたの裏に焼きついています。今はコンビナートと高速道路と関西新空港ですが……。その海こそ、わが浄土《じょうど》です。

あるいは、落ちこんで生きる力が湧いてこない時、砂漠で一滴の水を求めるかのように、一言の真実を求めて聖典《せいてん》を開くと、思いがけなくも胸に突き刺さった言葉こそ、わが浄土《じょうど》です。

おとぎ話や童話は、実在する世界の話ではありません。でも想像力をかきたててくれます。そのように、お経に説かれた浄土《じょうど》の世界も本当にある世界のように広がってくるのです。

私は日本という国に住み、名前と現住所があるけれど、もし「あなたは本当は誰なの？どこから来たの？」と聞かれたら、ドキッとするような気がします。私はここよりも、もっと大きな生命《いのち》の故郷、存在の大地としての浄土《じょうど》を思います。それは人種・民族・国・言葉・宗教も超えた、自由と平等の世界、解放と連帯の根拠、そんな世界が確かにある。そこから仮《かり》にここに来ているだけではないのかと。

ふだんは見失い、日常性に埋没しているから忘れているけれど、その私の存在を根源から突き動かし、浄土《じょうど》にふれさせて、人間を回復させるエネルギー、それこそが他力回向《たりきえこう》なのです。

道綽

道綽決聖道難証
唯明浄土可通入
万善自力貶勤修
円満徳号勧専称
三不三信誨慇懃
像末法滅同悲引
一生造悪値弘誓
至安養界証妙果

道綽《どうしゃく》、聖道《しょうどう》の証《しょう》しがたきことを決して、
ただ浄土《じょうど》の通入《つうにゅう》すべきことを明《あ》かす。
万善《まんぜん》の自力《じりき》、勤修《ごんしゅう》を貶《へん》す。
円満《えんまん》の徳号《とくごう》、専称《せんしょう》を勧《すす》む。
三不三信《さんぷさんしん》の誨《おしえ》、慇懃《おんごん》にして、
像末法滅《ぞうまつほうめつ》、同《おな》じく悲引《ひいん》す。
一生悪《いっしょうあく》を造《つく》れども、弘誓《ぐぜい》に値《もろあ》いぬれば、
安養界《あんにょうかい》に至《いた》りて妙果《みょうか》を証《しょう》せしむと、いえり。

(意訳)

道綽《どうしゃく》は、仏教《ぶっきょう》の歴史《れきし》を深く学び、

今や聖者《せいじゃ》の道《みち》ではさとりをえない、すてるほかない、と決断《けつだん》して、
ただ仏《みほとけ》の願いの国、浄土《じょうど》に生まれる道を通じて、
さとりに入るべき門《もん》が開かれていると明《あ》かしました。
多くの善《ぜん》を積《つ》み、自力《じりき》の行《ぎょう》を勤《つと》めてもむだであり、
むしろ願いの徳《とく》まどかな仏《みほとけ》の名《みな》を
ただひたすらに称《とな》えよ、とすすめます。
また、いつも不信《ふしん》におちいる心のありさまと、
真実《しんじつ》の信《しん》のあり方をていねいに教えさとし、
たとえ仏教《ぶっきょう》の滅《ほろ》ぶような時代になったとしても、
仏の心は同じく悲しみ、みちびかれると知《し》らせます。
一生《いっしょう》の間《あいだ》、悪《あく》を造《つく》った者《もの》も、
仏《みほとけ》の誓《ちか》いに出遇えば、
いのち安らぐ世界に至って、証が開かれてきます。
このようにいわれました。

道綽《どうしゃく》という人

道綽《どうしゃく》（五六二〜六四五）は、曇鸞《どんらん》と同じく中国の山西省に生まれました。活躍したのも同じ并州から汾河の流域です。その浄土《じょうど》信仰の実修の道場は、ともに石壁山玄中寺《げんちゅうじ》です。道綽《どうしゃく》ははじめ『涅槃経《ねはんぎょう》』を大いに研究し、その道の大家として知られるようになりました。たまたま玄中寺《げんちゅうじ》を訪れたときに、以前ここに住んだ曇鸞《どんらん》のことを刻んだ碑文《ひぶん》を読んで感動し、回心《えしん》したのです。道綽《どうしゃく》四十八歳の時です。以来、八十三歳で入寂《にゅうじゃく》するまで、念仏《ねんぶつ》を称《とな》えること日々に七万遍《べん》。また『観無量寿経《かんむりょうじゅきょう》』を講義すること二百回以上に及んだと言われています。

彼は出家《しゅっけ》・在家《ざいけ》の区別なく念仏《ねんぶつ》することを勧《すす》めたので、念仏《ねんぶつ》は広く流行しました。とくに子供たちを集めては、升《ます》に盛った小豆粒《あずきつぶ》を、称名一遍《しょうみょういっぺん》に一粒ずつ他の升《ます》に移させて念《ねん》仏《ぶつ》の回数を数えることを教えました。それによって、七歳以上の者はみな念仏《ねんぶつ》をとなえるようになったといいます。

また彼は、木槵子（むくろじの実）をつないで数珠《じゅず》を作り、これで念仏《ねんぶつ》を数えさせました。数珠《じゅず》はインドで、もとバラモンが用いていたのですが、後に仏教でも用いるようになりました。キリスト教でも珠をつないだロザリオというものがあります。中国の仏教史では記録による限り道綽《どうしゃく》の用いたのが最も古い例です。

そのような道綽《どうしゃく》は、いかにも念仏三昧《ねんぶつざんまい》に明け暮れた平穏無事な高僧《こうそう》として一生を送ったように見えます。しかし、実は彼の生きた時代は中国の祖師《そし》たちの中でも最も苦難と波瀾《はらん》に満ちたものだったのです。彼自身も苦難の人生遍歴の中から浄土《じょうど》の教えを選びとったのです。

飢饉と弾圧の嵐の中で

ここで道綽《どうしゃく》が念仏者《ねんぶつしゃ》になるまでを年表風にたどってみましょう。

まず誕生前の十年間に起こったことでいうと、五四九年に梁の武帝が殺された。中国北部では一触即発の戦争の危険が渦巻いていた。五五七〜五五八年には大イナゴの害で作物が全滅。さらにおびただしい政変が続き、次々と皇帝が死んでは変わる。このような世に道綽は生まれました。

彼の故郷は戦火に踏み荒らされ、「人畜の死骸が相枕し数百里にわたって絶えず」でした。さらに大雨、飢饉、彗星があらわれ、隕石が落ちてくる。餓死者が増える中で仏教の僧侶たちだけは贅沢をしていたと記録されています。これが彼の三歳頃までの状況です。

五七四年、北周の武帝が廃仏令《はいぶつ》を発します。仏教への徹底した破壊弾圧です。武帝は富国強兵をはかりました。国家の財政を再建するために仏教や道教の寺院を全廃するという行政改革をしたのです。寺院の土地は没収され、僧侶は還俗《げんぞく》させて労働や兵役の義務につかされました。寺は破壊し、仏像や仏具は回収され、農具や兵器に鋳造し直されました。

このようなさなかに、十四歳の少年道綽《どうしゃく》が出家《しゅっけ》しました。それは自ら選んだものではありませんでした。戦いの中、飢えせまり、徴兵のせまってきた少年の母が、わが子の命をつなぐために入寺させた、いわば食べるための出家《しゅっけ》だったのです。しかし、その翌年、北周の大軍が山西省に迫り、戦争、敗北、亡国、廃仏と続き、彼を寺から追い出してしまったのです。彼はわずか十五歳で、国を失った追放僧という二重の苦を背負って、さまよい人となったのです。

やがて、武帝が死ぬと廃仏令はゆるめられ、隋の高祖文帝が即位すると、ただちに仏教の復興が始まりました。政治に左右されるのです。

こうして道綽《どうしゃく》は、二十歳を過ぎてから再出家《しゅっけ》しました。彼は仏教学者になろうとして研究に打ち込みます。それとともに、慧瓚《えさん》という実践的仏教者に師事して、十数年間修行に励んでいます。その修行とは、かつての釈尊《しゃくそん》の原始教団サンガのように山林に住み、乞食《こつじき》する最低生活をしながら、半月ごとに自分の犯した罪過《ざいか》を懺悔《さんげ》して暮らすという、厳しいものでした。

ところが、四十八歳の時、郷里の玄中寺《げんちゅうじ》にある曇鸞《どんらん》の徳《とく》を讃《たた》える碑文《ひぶん》を読んで、それまでの修行を全て捨てて、浄土《じょうど》の教えに帰依《きえ》したのです。

末法の時代意識

ここで仏教の歴史観にふれてみたいと思います。ふつう歴史の見方というと、人類は進歩し、世の中はだんだん発展していくということになります。発展史観です。これはキリスト教の終末論へのアンチテーゼとして起こってきた近代の歴史観です。では仏教はどうかというと、「四劫《しこう》」といって世界の変遷を四つの長い時期で説明します。世界が始まり、成立し（成劫《じょうこう》）、安定し（住劫《じゅうこう》）、破壊し（壊劫《えこう》）、何もない（空劫《くうこう》）。この始めと終わりを繰り返すのみというのです。

そして釈尊《しゃくそん》の説いた仏教《ぶっきょう》にも、時代とともに変化が起こるというのが末法史観《まっぽうしかん》です。正法《しょうぼう》・像法《ぞうほう》・末法《まっぽう》、さらに法滅《ほうめつ》の時代がくるという教えです。道綽《どうしゃく》は、その著『安楽集《あんらくしゅう》』で、このような時代区分を立てています。それは少年時代から仏教が滅びたり、また復興したりという不安定な状況を、身をもって体験したことと重ね合わせているのです。「今、われこそ末法到来《まっぽうとうらい》の時に生まれ合わせたのだ」という深刻な危機感が、彼の思想・信仰にはあるのです。

道綽《どうしゃく》によって、その時代区分を見てみます。

正法《しょうぼう》の時……仏陀釈尊《ブッダしゃくそん》なき後の五百年間。仏説の通り修行して覚《さと》る者がいた。（教《きょう》・行《ぎょう》・証《しょう》あり）

像法《ぞうぼう》の時……次の一千年には仏陀《ブッダ》をイメージし、教えを聞き、それを実践する者は現れるが、証《あかし》する人はいなくなる。（教《きょう》・行《ぎょう》あり）

末法《まっぽう》の時……次の一千年には塔や寺を建立したりして教えを守ろうとするが、真実は隠《かく》れてしまう（白法隠滞《びゃくほうおんたい》）。だから我こそは正しい指導者なりというニセ者がたくさん現れて混乱し闘争の世になる。しかし教えだけはほんの微《かす》かに残っている。その後、教えも完全に滅《ほろ》びていくことになる（法滅《ほうめつ》の時代）。

道綽《どうしゃく》が生きたのは像法《ぞうぼう》の時代が終わり、いよいよ末法《まっぽう》に入ったという時代だったのです。

しかし、彼はこのような時代を、いたずらに嘆き悲しんではいませんでした。彼は強烈な危機意識に立って、この時代にあって何が真実に生きることなのかを明らかにしようとしたのです。彼ははっきりと言いきりました。

「当今《とうこん》、末法《まっぽう》にして、これ五濁悪世《ごじょくあくせ》なり。唯《ただ》浄土《じょうど》の一門《いちもん》ありて通入《つうにゅう》すべき路《みち》なり」

聖道《しょうどう》でなく浄土《じょうど》を

聖道《しょうどう》とは、仏陀《ブッダ》のさとりを得るために自力《じりき》を尽《つ》くして修行する聖者《せいじゃ》の道《みち》です。それは煩悩《ぼんのう》をかかえたふつうの人（凡夫《ぼんぶ》）には、とても実現不可能な困難な道（難行《なんぎょう》）です。しかも時代は先に述べたように末法《まっぽう》の時。このような世《よ》と時《とき》に生きる者にとって真実に生きる唯一の仏道《ぶつどう》は念仏《ねんぶつ》しかない。念仏《ねんぶつ》を信じ称《とな》えるという誰にでも実行できる道（易行《いぎょう》）によって仏国土《ぶっこくど》・浄土《じょうど》に生まれることを願うほかない。これが道綽《どうしゃく》が決断し選びとった道でした。

念仏《ねんぶつ》、それは南無阿弥陀仏《なむあみだぶつ》という仏《みほとけ》の名《な》のりにこめられた真実です。そこには、あらゆるいのちあるものを救いたいという、仏《みほとけ》の願いがこめられています。どんなに困難な状況にあっても、決して希望を失わずに生きる勇気が念仏《ねんぶつ》によって湧き上がってくるのです。

それは「浄土《じょうど》」への道です。仏《みほとけ》の願いの国である浄土《じょうど》を、存在そのものの本来の故郷として仰《あお》ぐ時、末法《まっぽう》の世に白い道が見えるのです。

世界の動き、日本の同時代は

道綽が生きたのは六世紀。世界の動きはどうかというと、東ローマ帝国が地中海沿岸のゲルマン諸国を征して最大版図を獲得します。キリスト教会が、混乱の西欧に着々と教線を広げていきます。とくにローマ教会の権威が高まります。

そして六、七世紀にかけてアラブ民族が台頭してきます。なんといっても、大きいのは、マホメット（五七一～六三二）がアラビアのメッカに生まれたことです。彼の布教によってイスラム教が成立し、アラビア人の民族的自覚が高まり、イスラム教の宗教国家が形成されるのです。やがてイスラム世界は、アジア、アフリカ、ヨーロッパにまたがる大帝国を作っていくのです。

この時代、日本にはようやく朝鮮の百済《くだら》から仏教《ぶっきょう》が伝わります。五三八年です。そして仏像の礼拝《らいはい》の賛否をめぐって蘇我氏と物部氏が対立します。五六二年には新羅《しらぎ》がそれまで任那《みまな》にあった日本府を滅ぼします。やがて、五九二年から聖徳太子《しょうとくたいし》が推古天皇の摂政《せっしょう》となって新政がしかれます。そして、天皇を中心にした中央集権の宗教国家の方針が、

「十七条憲法」によって示されるようになるのです。

『安楽集《あんらくしゅう》』という書

道綽《どうしゃく》は曇鸞《どんらん》の碑文《ひぶん》に導かれて、ひたすらに浄土《じょうど》を願い念仏《ねんぶつ》を修《しゅ》することに生きた人でした。彼は生涯にわたって『観無量寿経《かんむりょうじゅきょう》』を講義し続けました。その際のノートとして著わされたのが『安楽集《あんらくしゅう》』二巻です。そこには末法《まっぽう》の時代に生きることの悲嘆と、その時機《じき》に相応《そうおう》する阿弥陀仏《あみだぶつ》の本願《ほんがん》にめぐりあった歓喜《かんぎ》が悲喜交流《ひきこうりゅう》しています。

「なぜ『観無量寿経《かんむりょうじゅきょう》』という聖典が説かれたのか。その深い理由を明らかに知ったならば、あなたも浄土の教えを信ぜずにはいられないだろう」

これがこの書を貫くテーマです。

そこには道綽《どうしゃく》の宗教的信念が披瀝されています。経典をこまごまと解説するのでなく、その精神に分け入って、念仏《ねんぶつ》することの意義と信心のあり方を、自身の問題として掘り下げていこうとするのがこの書なのです。

信《しん》と不信《ふしん》の問題

道綽《どうしゃく》は、師と仰ぐ曇鸞《どんらん》からの問いかけに対して、全身全霊をあげて応答しようとしました。その問いとは、「念仏《ねんぶつ》を称《とな》えても闇《やみ》は晴れないし、願《ねが》いも満《み》たされないのはなぜか？」（曇鸞《どんらん》『浄土論註《じょうどろんちゅう》』）でした。

阿弥陀仏《あみだぶつ》の本願《ほんがん》は、南無阿弥陀仏《なむあみだぶつ》の名号《みょうごう》にあらゆる善や行《ぎょう》の総体として、すべての功徳《くどく》を備えている。まさに真実の心をこめた言葉が南無阿弥陀仏《なむあみだぶつ》である。その名《みな》を称《とな》えるならば、すべての願いは満たされる。そう誓《ちか》われています。

その仏《みほとけ》の誓願《せいがん》を信じて名《みな》を称《とな》え、念仏《ねんぶつ》してみたが、その通りにならないというのです。これは仏《みほとけ》に対する不信感の表明です。

阿弥陀さま、あなたを信じて、あなたのおっしゃるようにしているのに、いっこうに救われんでないか。どうしてくれるんや、と。

この疑問に対して曇鸞《どんらん》は、その不信《ふしん》を吟味することだと教えています。

「おまえのやっとる念仏《ねんぶつ》は仏の心と一致していない。信じたというが不淳《ふじゅん》だ。あるのかないのかはっきりせん。いったい本気なのか。決断と選びがはっきりしとらん。あれも信じ、これも信じ、いろんな思いが混じって持続しておらんではないか。それでは信じたことにはならん」

これを他人事ではなく、自分への厳しい問いかけだと受けとめたのが道綽《どうしゃく》です。不信《ふしん》の中身を自覚して、まことの心としての信とは何かをつきとめていこうとしたのです。

「そうでした。まことに不透明、不徹底、不相続の心でしかありませんでした。その心を信心だと思い込んでおりました。

ようやくわかりました。人間の一生を貫くような課題を持ち続けること、それが相続する信心なのですね。その心は人間の思いはからいを超えて、すべてのいのちあるものを救おうとする心なのですね。仏《みほとけ》の心にうなずけるひたすらな心、一心《いっしん》なのですね。そして、一心だからこそ、純粋にして簡素な真実の心なのですね」

仏《みほとけ》への不信感の内容を吟味し、仏《みほとけ》に背《そむ》き続けている人間の心のあり方を知らされることで、まことの信心が彰《あきら》かにされたのです。

一生造悪《いっしょうぞうあく》

「一生造悪《いっしょうぞうあく》」、これはすごい言葉です。世間一般の考え方なら、人の一生は長いから、善いこともするし悪いこともするということになります。では、道綽《どうしゃく》はどういう意味で一生造悪《いっしょうぞうあく》というのでしょうか。これについて『安楽集《あんらくしゅう》』に次のような話が出てきます。

人間の生命は長くて百歳である。ほとんどはそれまでに死んでしまう。その百歳にしても半分は夜で寝ているから、ないのも同様である。残る五十年も、十五歳までは善悪の判断がつかない。また八十歳を過ぎれば、朦朧《もうろう》として気力も衰えて老いの苦しみを受けるだけだ。

それらを差引《さしひ》きすると、残りはたったの十五年だ。しかもこの十五年が本当に自分の人生かというと、そうはいかない。外には、国のために戦争に駆り出されたり、働かされる。あるいは、罪を犯して獄につながれることもないではない。内には、家族の幸・不幸さまざまなことによって心を悩まし、気ばかりあせって、いつも不足ばかり言っている。どこに、これこそ自分の人生といえるものがあるというのか。

こうして考えてみると、いったい仏の教えを聞き、仏道の修行をするという時間がどれだけあることだろう。まことに淋しいことではないか。どうしてこんなところでぐずぐずしておられようか。

人間は、この世に生まれたら一昼夜に八億四千万ものことを思うという。そして、たったひとおもい（一念）でも悪い心を起こせば、一つの悪い身を受ける。十念の悪心を起こせば十の悪身をと……。だから一生涯を百年として、その間に起こす悪心はたいへんなものになる。

けれども、その中で、ひとおもいでも善心を起こせば、一つの善身を受ける。人がもし阿弥陀仏《あみだぶつ》を念じて、その心が五年でも十年でも続くならば、やがていのち安らぐ世界（浄土《じょうど》）に生まれて、ガンジス河の沙《すな》のような限りない不可思議《ふかしぎ》の法の身を受けることだろう。

まことに、この世の命は短い。しかし浄土《じょうど》の世界に生まれるならば、そこに尽《つ》きることのない永遠のいのち（無量寿《むりょうじゅ》）の深さが与えられるのだ。（『安楽集《あんらくしゅう》』下）

要するに、私たち人間は一生涯悪を造り続けている存在だけれども、そのような私たちに、最後のチャンスとして本願《ほんがん》が建《た》てられているということです。

暴風駛雨《ぼうふうしう》

道綽《どうしゃく》はまた、私たちが起こす悪や罪とは、あたかも「暴風駛雨《ぼうふうしう》」のようなものだといいます。大きな罪は暴風のように吹き荒れる。小さな悪はにわか雨（駛雨《しう》）のように激しく降ってくることもある。

このように、罪や悪を起こさずにはおれない人間存在への自覚が語られています。それは個人の意識や心の変化による生活の揺らぎであり、この社会全体の大きな変動でもあります。

みずからの生きる時代と人間存在への強烈な危機意識。それが「末法《まっぽう》の世《よ》」に生きる者にとって、何が真実なのかを求める心をうながすのです。

いちばん大切なことは、自分がどんな時代に、何者として生きているのかということ。つまり、「時《じ》」と「機《き》」を知って仏《みほとけ》の誓《ちか》いに出会《であ》うことしかないのだと。

善導

善導独明仏正意
矜哀定散与逆悪
光明名号顕因縁
開入本願大智海
行者正受金剛心
慶喜一念相応後
与韋提等獲三忍
即証法性之常楽

善導《ぜんどう》独《ひと》り、仏《ぶっ》の正意《しょうい》を明《あ》かせり。
定散《じょうさん》と逆悪《ぎゃくあく》とを矜哀《こうあい》して、
光明名号《こうみょうみょうごう》、因縁《いんねん》を顕《あらわ》す。
本願《ほんがん》の大智海《だいちかい》に開入《かいにゅう》すれば、
行者《ぎょうじゃ》、正《ただ》しく金剛心《こんごうしん》を受《う》けしめ、
慶喜《きょうき》の一念相応《いちねんそうおう》して後《のち》、
韋提《いだい》と等《ひと》しく三忍《さんにん》を獲《え》、
すなわち法性《ほっしょう》の常楽《じょうらく》を証《しょう》せしむ、といえり。

（意訳）

善導《ぜんどう》よ、あなただけが『観経《かんぎょう》』の教えの中に仏《みほとけ》の深い心をさぐりあて、明らかにしました。
定《じょう》や散《さん》という修行《しゅぎょう》や善にはげむ善人《ぜんにん》と、
逆《さか》らい悪をなす悪人《あくにん》とを等しく迷う人《ひと》と哀《かな》しみ、
仏《みほとけ》の智慧《ちえ》の光に出遇《であ》い、仏《みほとけ》の名《みな》を聞《き》き称《とな》えるならば、
それが因縁《いんねん》となって、心をひるがえし、目覚《めざ》めていく道が
あることを明《あき》らかにされたのです。
仏《みほとけ》の願いの、海のように深い智慧《ちえ》によって、
念仏《ねんぶつ》の行《ぎょう》に生きる者は、なにものにも壊《こわ》されない
金剛《こんごう》の心を、正《まさ》しく身《み》に受《う》け、
そのよろこびの心が、仏《みほとけ》の心と一つになった時、
絶望《ぜつぼう》のどん底《ぞこ》で釈尊《しゃくそん》に出会《であ》った人、韋提希《いだいけ》と同じように、
喜《よろこ》びと、さとりと、智慧《ちえ》をえて、
永遠《えいえん》のいのちを生きる楽しみをさとるのです。
このようにいわれました。

隋《ずい》から唐《とう》─中国統一の時代

善導《ぜんどう》（六一三〜六八一）、この類稀《たぐいまれ》な仏教者が現れたのは、中国が統一された隋から唐の時代にかけてです。

二世紀半にわたる南北の分離と異民族による北方支配をおえて、統一国家隋ができたのは、五八九年でした。これによって漢文文化は、諸民族の文化や政治システムと結合して新しい気運を生み出したのです。諸外国との交流が盛んになり、世界的国家としての中国には西域諸地方、インド、東南アジア、日本、朝鮮などとの往来が頻繁《ひんぱん》でした。しかし隋王の煬帝の財政上の失敗と、高句麗に対する侵略戦争の敗北によって、人民の反抗にあい、わずか四十年たらずで主権は唐に移りました。

唐が興ったのは六一八年、高祖、太宗、則天武后、玄宗などの王の治政には民衆の生活は安定していきました。唐の首都、長安は、文字通り世界的都市になりました。長安の人口は、玄宗皇帝の頃には百万人以上にふくれあがりました。ちなみに八世紀のヨーロッパ第一の都市ローマの人口が四十五万、パリ二十万、ロンドン十三万といいますから、長安がいかに大都市であったかがうかがえます。日本の平安京は、この長安をお手本にしましたが、規模は四分の一にも満たないものでした。日本から遣唐使を送り、文化交流があったことはよく知られています。

長安には、あらゆる人種が集まり、宗教もキリスト教（ネストリウス派＝景教）、ゾロアスター教、マニ教、イスラム教などが伝わり、その教会も建立されていました。街には金銀の商や絹商が軒を並べ、酒肆《しゅし》には歓楽の声があふれておりました。

このような時代社会の中で善導《ぜんどう》は仏教の真実を明《あき》らかにし、浄土教《じょうどきょう》を大成したのです。

善導《ぜんどう》の生涯

善導《ぜんどう》は七世紀に山東省に生まれました。幼くして出家《しゅっけ》した時に、「西方浄土変相《さいほうじょうどへんそう》」（阿《あ》弥陀仏《みだぶつ》の極楽浄土《ごくらくじょうど》の荘厳《しょうごん》を描いた図）を見て大変感激しました。そして経蔵の中から『観無量寿経《かんむりょうじゅきょう》』を手さぐりで探《さが》し出し、その中に説かれる「十六観《かん》」を実修したといわれています。

さらに二十歳を過ぎた頃、道綽禅師《どうしゃくぜんじ》の門に入り、弟子となって『観無量寿経《かんむりょうじゅきょう》』の講義を聞き、学びました。それは学問というよりは、師から浄土《じょうど》の教えとその実践としての念《ねん》仏《ぶつ》を指導されていたというべきでしょう。

それと同時に、善導《ぜんどう》は長安の光明寺《こうみょうじ》において多くの民衆に念仏《ねんぶつ》の教えを広め、阿弥陀《あみだ》仏《ぶつ》の本願《ほんがん》を信じ、念仏《ねんぶつ》を称《とな》える道を明《あき》らかにしていったのです。それは『般若経《はんにゃきょう》』や『法華経《ほけきょう》』ではなく、『観無量寿経《かんむりょうじゅきょう》』によって成し遂げられていったのです。

『観無量寿経《かんむりょうじゅきょう》』は、導入部にマガダ国の王ビンビサーラ（頻婆娑羅《びんばしゃら》）と、その王子アジャータシャトル（阿闍世《あじゃせ》）との間に起こった父子相剋《そうこく》の「王舎城《おうしゃじょう》の悲劇《ひげき》」が描かれています。そこには、いろんな政治状況や宗教と権力の問題などが複雑に絡《から》み合っています。そして、この相剋《そうこく》に苦しむ王妃ヴェーデーヒ（韋提希《いだいけ》）が釈尊《しゃくそん》に救《すく》いの道を問い、釈尊《しゃくそん》がそれに応《こた》えて西方極楽浄土《さいほうごくらくじょうど》の存在と、そこに生まれるための方法として「三福《さんぷく》」「十六観《かん》」を教えるというのが『観無量寿経《かんむりょうじゅきょう》』の内容です。

善導《ぜんどう》は、この『観無量寿経《かんむりょうじゅきょう》』を師である道綽《どうしゃく》から学び、また当時の仏教学者たちの学説も研究し、それらを批判し、ついに独自の解釈を打ち立てたのです。それが『観無量《かんむりょう》寿経《じゅきょう》』に関する四部作の注釈書『観無量寿経四帖疏《かんむりょうじゅきょうしじょうしょ》』です。それはどこまでも、阿弥陀《あみだ》仏《ぶつ》とその本願《ほんがん》への純粋な信心から著わされたものです。この他に、浄土往生《じょうどおうじょう》を願う儀式・作法を詩の形で記した『法事讃《ほうじさん》』とか『往生礼讃《おうじょうらいさん》』など五部九巻に及ぶ著作があります。

親鸞《しんらん》は善導《ぜんどう》の仕事を讃《たた》えて、「善導独明仏正意《ぜんどうどくみょうぶっしょうい》（善導《ぜんどう》だけが独《ひと》り仏《ぶつ》の正意《しょうい》を明《あき》らかにした）と『正信偈《しょうしんげ》』でうたっているのです。

修行と善のかたち

いったい救われない者とは誰なのか。そして確かに救われる者とは誰なのか。そんなことを考えさせるのが「矜哀定散与逆悪《こうあいじょうさんよぎゃくあく》」の一節です。

定《じょう》・散《さん》は、それぞれ修行や善を行う善人の姿です。「定《じょう》」は定心《じょうしん》の善《ぜん》（定善《じょうぜん》）といって、雑念を離れて心を一つのものに集中して、仏《ぶつ》および極楽浄土《ごくらくじょうど》を一心《いっしん》に念ずる修行のことです。いわゆる瞑想《めいそう》に入ることです。『観無量寿経《かんむりょうじゅきょう》』では十三観《かん》の方法が説かれています。これは誰にでもできるものではありません。

「散《さん》」は散心《さんしん》の善《ぜん》（散善《さんぜん》）といって、ふだんの散乱し動く心のままで「悪を捨て善を修める」という道徳的な徳行のことです。そこには上・中・下、三つの観法が説かれます。宗教心を起こす人、ひたすらに道を求める人、倫理道徳を守る人、さまざまな悪を犯さずには生きていけないが救いを求める人などに勧《すす》められる宗教的実践のことです。

これら定《じょう》・散《さん》の人々を代表しているのが、ヴェーデーヒ（韋提希《いだいけ》）という女性です。

逆悪《ぎゃくあく》とは、五逆《ごぎゃく》（仏法《ぶっぽう》に反逆する五つの罪悪を犯した者）と、十悪《じゅうあく》（殺す・盗む・犯す・言葉で人間関係を破壊する四つのあり方・貪《むさぼ》り・いかり・愚痴《ぐち》）のことです。これらは散善《さんぜん》の中にも数えられているのですが、親鸞はあえて逆悪《ぎゃくあく》ということで、「悪人だからこそ救われる」ことを強調しようとしたのでしょう。

この逆悪《ぎゃくあく》の人を代表するのが、アジャータシャトル（阿闍世《あじゃせ》）という国王です。

さらに推察すれば、定《じょう》・散《さん》の善人《ぜんにん》とは自力《じりき》をたのみ、聖者《せいじゃ》を装《よそお》い仏教徒と称しながら権力に媚《こ》びへつらう比叡山や奈良の僧たちでありましょう。逆悪《ぎゃくあく》とは、法然・親鸞たちの専《せん》修念仏《じゅねんぶつ》を弾圧する天皇や支配者たちでありましょう。

そして親鸞《しんらん》は、これら定散逆悪《じょうさんぎゃくあく》なる者とは決して他者だけを指すのではない、それこそ仏《みほとけ》の真実に背《そむ》き続けている自分自身の姿であると内観《ないかん》するのです。

光明《こうみょう》名号《みょうごう》、因縁《いんねん》をあらわす

光明《こうみょう》とは阿弥陀仏《あみだぶつ》の光のはたらきです。

名号《みょうごう》とは南無阿弥陀仏《なむあみだぶつ》という言葉（仏《みほとけ》の名《みな》）にまでなった真実のことです。

光明《こうみょう》が縁《えん》となり、名号《みょうごう》が因《いん》となって私たちに信心《しんじん》が得《え》られるということです。

言い換えれば、光明《こうみょう》とは、私に仏法を聞く縁《えん》をもたらしてくれた師や友のことです。その人々から照らされて、自分の内面にあっていまだ聞いたことのない生きることの意味が明らかになるのです。

善導《ぜんどう》は、因縁《いんねん》によって仏教的生命観を語っています。

「すべて生命《いのち》あるものはみな縁《えん》によって生まれる。私がこの身《み》を受けようとした時、自分の業識《ごうしき》が内からの因《いん》となり、父母の精血《ち》が外からの縁《えん》となり、この因縁《いんねん》の和合《わごう》によって、はじめて人間として生まれてくるのである」

言い換えれば、私たちは大きな生命《いのち》の世界から「人間に生まれたい」と意欲して、その縁《えん》を求め続けてきた。たまたま父母のセックスが縁《えん》となってこの世に生まれてきた。決して親が勝手に生んだのではない。原因は「生まれたい」と願った私にある。親はどこまでも縁《えん》、つまり人間に生まれる千載一遇《せんざいいちぐう》のきっかけをつくってくれたのが親なのだ。

これが仏教の生命観です。私たちは、生まれながらに深い願《ねが》いや祈《いの》りをもってこの世《よ》に身《み》を受けた。だからこそ、本当の生きがいを求めずにはおれない。生きることの意味を求めずにはおれないのが、人間という存在なのです。

思いがけず、光をもたらす人の縁《えん》にもよおされてつぶやく「なむあみだぶつ」の念仏《ねんぶつ》。その仏《みほとけ》の名《みな》を称《とな》える者自身の内に、この人生を虚《むな》しく過ごしたくはない、人間であることの意味を成就したいという願いが、内因《ないいん》として込められているのです。

二河白道《にがびゃくどう》―行者《ぎょうじゃ》への譬喩《ひゆ》

「行者正受金剛心《ぎょうじゃしょうじゅこんごうしん》」この一句にふれると、私は二河白道《にがびゃくどう》の譬《たと》えを思い出します。善導《ぜんどう》は、真実に生きようと願う人を、念仏《ねんぶつ》の行《ぎょう》に生きる者（行者《ぎょうじゃ》）として、その信心《しんじん》を守るために一つの喩《たと》えを説いたのです。

私は子どもの頃、彼岸《ひがん》の時季になると仏間《ぶつま》の脇《わき》に掛けられた軸《じく》の絵に見入っていました。そこには二河白道《にがびゃくどう》の図が実にリアルに描かれていました。祖父から聞いた物語も恐ろしげでした。

大人になって、それが善導《ぜんどう》の著わした『観経疏《かんぎょうしょ》』という本に出てくる話であることや、親鸞《しんらん》がそれを『教行信証《きょうぎょうしんしょう》』に引用していることを教わりました。今、さまざまな方々の書に学びながら、昔聞いた感じを生かしながら、その原文を意訳してみたいと思います。

立ちつくす人

一人の人がいた。自分の生きる方向はこれしかない、そう思い立って、西へ向かって旅に出た。そのとたんに百千里《り》という遥《はる》かな道のりを感じた。しかも、いつの間にか彼方には南北に二つの大きな河が広がっている。なんとそれは火の河と水の河だ。どちらも幅は百歩ほど。底知れない深さだ。そのちょうど真ん中にどうやら道らしいものがある。だが、それはほんの四、五寸《すん》ほどの狭い道。長さはおよそ百歩で、今自分のいる東の岸から西の岸へと通じてはいる。

しかも、その道はおだやかではない。いつも北の河から水が波と押し寄せて浸《おか》されてしまう。波が去ったかと思うと、南の河から燃え盛る炎が襲《おそ》って道を焼く。それが交互にやってくるので、とても渡れそうにない。

それでも旅人は、河の方へ向かって歩き始めた。すると、あたりには荒れ野が広がった。まわりには誰も人がいない。後ろを振り向くと、恐ろしい盗賊や野獣、毒虫などがゾロゾロと群れをなして、この人を殺そうとして襲いかかってくるではないか。逃げ出そうと走り出したら、目の前は火と水の河。どうしようもなくて立ちつくしてしまった。

道はすでにある

旅人は思った。「ああ私は今日死ぬのだ。この河はどうにも渡れそうにない。後戻りすれば悪いやつらに殺される。ここでウロウロしていても、やられてしまう。西に向かってあの狭い道を行こうとしても落ちてしまう」一瞬思った。

「もどっても、じっとしていても、行っても、どのみち死ぬに決まっている。……そうだ、死から逃れることができないのなら、私はあえてこの狭い道を行ってみよう。道はすでにある。渡すために道がついているのにちがいない」

　そう決心した時、東の岸で声がした。

「旅人よ、ためらわずにその道を行け。恐がらなくてもいい、ひたすらにたずねて行け。ここにいたら死ぬぞ」

　すると同時に、西の岸からも呼び声が聞こえた。

「汝《なんじ》（きみ・おまえ）、他のことをあれこれ考えずに、まっすぐにこの道をやって来い。私が守ってあげる。河に落ちるのを恐れるな」

　身近《みぢか》に励《はげ》ましの声と、彼方《かなた》に呼び声を聞いた旅人は、もはやためらいも恐れもなく白い道を歩き始めた。背後からは獣や盗賊たちが叫ぶ。

「危ないぞ、もどって来い。そんな道を行くと河にはまって死ぬぞ。おれたちは悪いことなんかしないから」

だが旅人は、もう振り返ろうとはしない。ただ一筋に白い道を行く。こうして西の岸にたどり着き、あらゆる困難から離れて、待ち受けていたすばらしい友とめぐり遇えて、よろこび合えたのだった。

これが二河白道《にがびゃくどう》の話です。実に示唆《しさ》に富んだ内容ではありませんか。さて、西へ向かうとは、何を意味するのか。火と水の河とは、荒れ野とは、盗賊や獣たちとは。白い道とは、そして励ます声と呼ぶ声とは誰の声なのか。

この生きにくい現実を、本気で生きてみよう、どっち向いていくかはっきりさせよう、そう意欲する一人ひとりが行者《ぎょうじゃ》なのです。「変わるだけではいかん。生まれ変わらねば」と言ってくださった人がいます。それを聞かされた時、私にあらためて二つの河と白道《びゃくどう》が見えてきました。

永遠のいのちにふれる

善導《ぜんどう》は『観無量寿経《かんむりょうじゅきょう》』に説かれた教えの中に、仏《みほとけ》の深い心をさぐりあて明らかにしました。

親鸞《しんらん》は、それを次のように表明しています。

「ひそかに思いをめぐらせば、阿弥陀仏《あみだぶつ》の誓願《せいがん》は迷いに苦しむ海を渡らせる船であり、何ものにもさまたげられないその光は、人間存在の深い闇を破る智慧《ちえ》の太陽なのだ。だからここに、仏《ぶつ》の誓願《せいがん》によって浄《きよ》められた国土をあらわす機《き》が熟《じゅく》して、提婆達多《だいだった》や阿闍世《あじゃせ》による反逆の事件を起こさせたのだ。そして、浄土《じょうど》に生まれる信心《しんじん》に生き念仏《ねんぶつ》を称《とな》える人を世に証《あか》しするために、釈迦仏《しゃかぶつ》は韋提希《いだいけ》に永遠《えいえん》のいのちにふれ真に安らぐ世界として浄土《じょうど》を選ばせたのである。

　これこそ、苦悩するいのちを生きるものすべてを平等《びょうどう》に覚《さと》らせようとする阿弥陀仏《あみだぶつ》の心が、形となって現れたものである。釈迦仏《しゃかぶつ》の慈悲《じひ》が、いのちに背《そむ》き、真理を誹謗《ひぼう》する者、あらゆる可能性が失われた者になお願《ねが》いをかけつづけているのである」（『教行信証《きょうぎょうしんしょう》』総序の文より）

　ここでいう反逆の事件とは、王舎城《おうしゃじょう》の悲劇といわれるものです。父を殺して王位を奪い、母をも殺そうとした王子阿闍世《あじゃせ》によって獄につながれて絶望のどん底に突き落とされた王妃韋提希《いだいけ》が、その事件を縁《えん》として仏に出会い、浄土《じょうど》を願う心を起こすのです。やがて阿闍世《あじゃせ》は、おのれの犯した罪の自覚に責められて悩み、ついに釈尊《しゃくそん》に教えを乞い、身も心も癒《いや》されていくのです。

　しかし『観無量寿経《かんむりょうじゅきょう》』では、韋提希《いだいけ》の救いしか説かれていません。韋提希《いだいけ》がさとりを得るプロセスで、反逆者や悪に悩む人を救う方法があることは説かれてはいますが、阿闍《あじゃ》世《せ》や提婆達多《だいだだった》たちがどうなったかという話は出てきません。

実はそこが大事なのです。殺され、抑圧された被害者の救いだけでなく、殺し、抑圧した加害者や、その事件の渦中にありながら傍観者であった人たちに救いはないのかという問題も、厳然としてあるからです。

そこで親鸞《しんらん》は、『教行信証《きょうぎょうしんしょう》』でこの事件の全容を『観無量寿経《かんむりょうじゅきょう》』だけでなく『涅槃経《ねはんぎょう》』によって照らし出そうとしました。そこには父殺しの罪に恐れおののき煩悶《はんもん》する阿闍世《あじゃせ》の姿が、ありありと描かれています。また提婆達多《だいばだった》は釈尊《しゃくそん》の殺害を計画し、未遂《みすい》に終わるのですが、そのために生きながら地獄へ堕《お》ちたといわれます。彼の姿は、仏《ぶつ》に背《そむ》き、野心に生きる者、つまりは仏教徒を名のり、僧侶となり、寺に棲《す》む者が抱え持つ問題性を暗示しているようでもあります。

今、釈尊《しゃくそん》在世の時から遥《はる》かに遠ざかった末法濁世《まっぽうじょくせ》、さらにどころは法滅《ほうめつ》の時代に生きる私たちは、いったい何を本当の拠《よ》り所として生きるべきなのかという、深く重いテーマが迫ってきます。

「善導《ぜんどう》とその教え」をしめくくるにあたり、親鸞《しんらん》が再構成し展開している王舎城《おうしゃじょう》の物語をもとに、ここに再現してみます。

王舎城《おうしゃじょう》の物語――父殺しのいわれ

これは今から二千数百年の昔、インドで実際にあった話です。その頃、マカダ国の王舎城に阿闍世《あじゃせ》王がいました。父を殺し、母をも殺そうとした彼は、きわめて凶悪で、殺戮《さつりく》を好み悪業煩悩《あくごうぼんのう》に燃え盛っていました。いったい何が彼をそうさせたのでしょうか。

それは、阿闍世《あじゃせ》の友人となった提婆達多《だいばだった》が彼に出生の秘密と称する作り話を吹き込んだからです。提婆達多《だいばだった》は仏陀《ブッダ》＝釈尊《しゃくそん》のいとこで仏弟子となり、やがて自らが教団の後継者となろうとしますが、かえって釈尊《しゃくそん》から叱責されたことを怨《うら》んで、彼は釈尊《しゃくそん》の殺害を計画し始めます。

提婆達多《だいばだった》は、目的達成の手段として阿闍世《あじゃせ》に近づきます。両親の頻婆娑羅《びんばしゃら》王と王妃韋提希《いだいけ》がともに仏陀《ブッダ》の熱心な信者であることから、まずこの王子に両親への不信を抱かせようという作戦をたてるのです。彼は神通力《じんづうりき》を使って阿闍世《あじゃせ》の心をとりこにし、すっかり自分を尊敬するようになった阿闍世《あじゃせ》に「あなたはご自分の名前の由来を知っていますか」と、もちかけます。

「阿闍世《あじゃせ》とは未生怨《みしょうおん》（いまだ怨《うら》みを生《しょう》ぜず）という意味です。実は子どものなかった王が占い師の予言で将来あなたとして生まれるはずのバラモンの仙人を殺したのです。そうしたら母上が妊娠された。生まれてくる子の未来を占ったら、この子はやがてあなたを殺すだろうという予言。そこで母上は高殿から産み落とし、その下にはたくさん刃を立てて殺そうとした。ところが、その子は無事に生まれて、指を一本折っただけだった。あなたの指を見てください」

たしかに頻婆娑羅《びんばしゃら》王は、昔バラモンを殺したことがある。そして子どもの未来への予言はあった。そのことを知っていた提婆達多《だいばだった》は、嘘もまじえて、阿闍世《あじゃせ》を悲劇の主人公とした台本に仕立て上げ、自ら舞台監督・演出者になろうとしたのです。

阿闍世《あじゃせ》はみごとにのせられました。多感な思春期の青年が、出生の秘密を知らされた時のショックは大きかった。彼の心に愁《うれ》いと怒りが湧きあがりました。彼は大臣たちの証言もとってクーデターを起こします。父の頻婆娑羅《びんばしゃら》王を逮捕し城外の牢獄に閉じ込め、食を絶ちました。

阿闍世の怒り

息子の反乱を知った王妃韋提希《いだいけ》は、王のもとへ行こうとしますが、門番の兵士にさえぎられます。しかし彼女は、妻として夫に面会することを認めさせます。そして面会の度に、全身に小麦粉と合わせた蜜を塗り、イヤリングなどの装飾品にぶどう酒を入れて密かに差し入れます。王はこれらで命をつなぎます。獄中はるかに、仏弟子の戒《かい》を授《さず》けてほしいと念じます。目連《もくれん》と富楼那《ふるな》が、仏陀《ブッダ》の意をうけて密かに牢獄を慰問《いもん》して説法していたので、三週間経っても王は健在でした。

阿闍世《あじゃせ》は「父はまだ生きているのか」と門番の兵に問いただして、このことを知ります。「わが母は賊だ。仏弟子たちは悪人だ」と怒った彼は、韋提希《いだいけ》に向かって刀を抜いて切りかかります。その時、月光《がっこう》と耆婆《ぎば》という大臣が止めに入って言います。

「王よ、かつて王位ほしさに父を殺した悪王は数多いけれど、いまだ母を殺したという例はない。王族（クシャトリア）のすることではない。それは栴陀羅《せんだら》（チャンダーラ）のすることです」

といって身構えました。

経典の差別表現

これが『観無量寿経《かんむりょうじゅきょう》』における差別発言です。インドではカースト制度によって、バラモン（司祭者）を最高位として、クシャトリア（王族）、バイシャ（農工商の市民）、スードラ（奴隷）が体制内の四階級としてありました。そして最下層には、体制外の存在として差別されるチャンダーラ（梅陀羅《せんだら》＝不可触民《ふかしょくみん》）がおかれてきました。仏陀《ブッダ》＝釈尊《しゃくそん》の教えは、そのような差別社会を突き崩すような絶対平等の思想と実践だったのです。にもかかわらず、その経典の中にこのような言葉が出てくるのはなぜなのか。

大臣たちが、母殺しをやめさせようとした時に出てきたことの問題があります。おそらくそれは、当時のインド社会における差別の仕組みを、全く無批判に容認していたからに違いありません。そして、それを聞いて阿闍世《あじゃせ》が思いとどまったのは、彼の中にも根深い差別意識があったからでしょう。阿闍世《あじゃせ》は、近くのコーサラ国のビルリ王の話を耳にしていたと思われます。ビルリ王の母は、シャカ人の奴隷あるいは梅陀羅《せんだら》であったといわれます。そのために侮辱されたと感じたビルリ王は、後に報復のためにシャカ人をせん滅しようとして戦争を起こしました。そんな事情が何らかの形で伝わっていたために、先ほどの大臣の差別発言でドキッとして思いとどまったのではないでしょうか。そのような事実までもを伝えようとするのが、経典かもしれません。しかし、この梅陀羅《せんだら》差別発言は、かえって多くの差別発言を許す土壌《どじょう》になり、大きな問題を残したまま今日なお読まれているのです。

韋提希《いだいけ》の苦悩

阿闍世《あじゃせ》は母も獄に幽閉《ゆうへい》します。父王は、その七日後に死んでしまいます。韋提希《いだいけ》はわが身の不幸を嘆き、この世をはかなんで仏陀《ブッダ》に救いの道を求めます。仏陀《ブッダ》が彼女に諸仏《しょぶつ》の世界を見せると、韋提希《いだいけ》は阿弥陀仏《あみだぶつ》の極楽浄土《ごくらくじょうど》に生まれたいという心を起こします。そこから浄土《じょうど》へ生まれる方法（定善《じょうぜん》と散善《さんぜん》）が説かれていきます。

韋提希《いだいけ》は、ついに極楽世界《ごくらくせかい》のありさまと阿弥陀仏《あみだぶつ》・観音菩薩《かんのんぼさつ》・勢至菩薩《せいしぼさつ》を観《み》て、心に歓《かん》喜《ぎ》を生じ、広く深いさとりと、真理に目覚めた智慧《ちえ》（無生法忍《むしょうぼうにん》）を得《え》ました。これが『正信偈《しょうしんげ》』にいう「与韋提等獲三忍《よいだいけぎゃくさんにん》」ということです。

阿闍世《あじゃせ》の救い

さて、阿闍世《あじゃせ》はやがて身体中に腫《は》れ物ができ、悪臭を放って苦しみます。母の手当ても薬も効かず、やつれ果てた阿闍世《あじゃせ》王を見舞って、六人の大臣が次々と訪れます。彼らはみな、愁《うれ》いや恐れを全て忘れたら治るといって慰めます。

最後に医師の耆婆《ぎば》大臣が来て、「よく眠れますか」と聞きます。「父を殺した私が眠れるはずがない」、その言葉を聞いた耆婆《ぎば》は阿闍世《あじゃせ》に慚愧《ざんき》を説き、人間性を回復させようとして、仏陀《ブッダ》の教えを聞くようにさとします。仏陀《ブッダ》もまた、阿闍世《あじゃせ》のために究極のさとり（涅《ね》槃《はん》）には入《い》らず、彼が現れるのを待ち続けていました。仏陀《ブッダ》は、彼のために月の光が青蓮華の花を咲かせるような瞑想《めいそう》（月愛三昧《がつあいざんまい》）に入ります。その月の光の清浄さにふれて、阿《あ》闍世《じゃせ》の病が癒《いや》されます。そして身も心も解放されていったのです。そのことを驚いて阿《あ》闍《じゃ》世《せ》は、「まるで根がない木に芽が出たような信《しん》」と喜びました。

アジアの風と地下水―インド・中国・朝鮮の念仏者たち

これまでインド・中国における本願念仏《ほんがんねんぶつ》の伝承者たちの時代と、その教えをたずねてまいりました。いよいよこれから日本の祖師《そし》たちに入りますが、その前に一度、アジアの仏教全体を見渡しておきたいと思います。

仏教は、アジアの全域に広く伝わっています。とくに内陸アジアには、シルクロードの仏教文化があります。シルクロードはインドから流れ出た仏教が、アフガニスタンから西トルキスタンへ、さらにパミールを越えて東トルキスタンへ、そして敦煌へと通じる遥かなる道のりです。そこでは東西の民族、人種が混じりあい、東西文明が遭遇して独特な展開がなされてきました。こうして北方に伝えられたのがチベット、ブータン、中国、モンゴル、朝鮮、ヴェトナムの仏教です。

また南方に伝わったのがラオス、カンボジア、ミャンマー（ビルマ）、バングラデシュ、スリランカ、タイなどの上座部《じょうざぶ》仏教です。

まさに民族と国境、人種、言語、宗教の壁を越えて人間に自覚（めざめ）と主体的な生き方、平和と解放の道理を開き示してきたのです。

そういうアジアの全体像からみれば、日本は東アジアの片隅の「粟《あわ》つぶを散らしたような小さな国」（親鸞《しんらん》『尊号真像銘文《そんごうしんぞうめいもん》』）です。しかし、その小さな島国に、とてつもなく大きな心としての仏教が伝わり、根づいて、私たちの究極的な帰依処《きえしょ》（よりどころ）となってきました。

その意味で、「阿弥陀仏《あみだぶつ》の誓願《せいがん》（本願《ほんがん》）を信じて念仏《ねんぶつ》を称《とな》える」という時の念仏《ねんぶつ》、ナムアミダブツというのは、いわば国際語であり、共通語、人類の根源語ともいうべきものなのです。それは何ものにも碍《さまた》げられない真に自由自在な精神、無碍《むげ》の一道《いちどう》です。

実は、中国と朝鮮とヴェトナムと日本の仏教には共通項があります。それはいずれも、漢字文化圏で翻訳された漢訳（中国語訳）の経典がそのまま用いられてきたということです。言葉はぜんぜん違うにもかかわらずです。

さて、日本の仏教は、中国から直輸入されたのではありません。朝鮮の諸国、高句麗《こうくり》、百済《くだら》、新羅《しらぎ》の三国を経由して伝来してきました。

朝鮮の高句麗《こうくり》に仏教が伝来したのが三七二年、それが五世紀に百済《くだら》に伝わり、そして日本には五三八年に百済《くだら》から伝えられたのです。

朝鮮の仏教者には、元暁《がんぎょう》と義湘《ぎしょう》という人たちが現れました。いずれも七世紀の人です。憬興《きょうごう》という仏教者は、七世紀後半の新羅《しらぎ》の人です。この人には『無量寿経連義述文賛《むりょうじゅきょうれんぎじゅつもんさん》』という解説書をはじめ、多くの著作があります。

親鸞《しんらん》は、浄土真宗《じょうどしんしゅう》を明らかにした書『顕浄土真実教行証文類《けんじょうどしんじつきょうぎょうしょうもんるい》』（教行信証《きょうぎょうしんしょう》）の「教巻《きょうのまき》」「行巻《ぎょうのまき》」に憬興《きょうごう》の解説書を引用しています。

そうしたことを思うとき、本願念仏《ほんがんねんぶつ》の道は、まさにアジアの風であり、地下水脈であることがうなずけるでしょう。

国際化が叫ばれる現代ですが、遥かな昔に、今よりももっと広く深い魂の交流と対話が行なわれてきたことも、掘り起こしてみなければならないでしょう。

念仏《ねんぶつ》とは、観念《かんねん》ではなく「仏教の世界を憶《おも》い起《お》こし、忘れないよう心に刻み、たしかに受《う》け継《つ》ぎ伝えていく行動」であります。

源信

源信広開一代教
偏帰安養勧一切
専雑執心判浅深
報化二土正弁立
極重悪人唯称仏
我亦在彼摂取中
煩悩障眼雖不見
大悲無倦常照我

源信《げんしん》、広《ひろ》く一代《いちだい》の教《きょう》を開《ひら》きて
ひとえに安養《あんにょう》に帰《き》して、一切《いっさい》を勧《すす》む。
専雑《せんぞう》の執心《しゅうしん》、浅深《せんじん》を判《はん》じて、
報化二土《ほうけにど》、正《まさ》しく弁立《べんりゅう》せり。
極重《ごくじゅう》の悪人《あくにん》は、ただ仏《ぶつ》を称《しょう》すべし。
我《われ》また、かの摂取《せっしゅ》の中にあれども、
煩悩《ぼんのう》、眼《まなこ》を障《さ》えて見たてまつらずといえども、
大悲《だいひ》倦《ものう》きことなく、常《つね》に我《われ》を照《てら》したまう、といえり。

(意訳)

源信《げんしん》は、広く仏教《ぶっきょう》を説《と》き明《あ》かし、

ひたすらにすべての人々に、
いのち安らぐ世界に帰《かえ》れと勧《すす》めました。
そして、念仏《ねんぶつ》を信《しん》じる心について
専《もっぱ》ら一つに生きる深《ふか》い心と、あれこれ雑《まじ》える浅《あさ》い心とを明らかにし、
心の深まりで、願《ねが》いに報《むく》われたまことの浄土《じょうど》に立《た》つか、
疑《うたが》いにおおわれた仮《け》の国土《こくど》に閉《と》じこもるのか、
行《ゆ》き着《つ》く世界が違うとただしています。
極《きわ》めつけの悪人《あくにん》は、ただ仏《みほとけ》の名《みな》を称《とな》えるがよい。
私もまた、願いの光の中に、包《つつ》んでいただいており、
煩悩《ぼんのう》が眼《まなこ》をさえぎって、光を見ることができないが、
それでも、大悲《だいひ》の仏《みほとけ》は、あくことなく
常に私を照らしていてくださるのです。
このようにいわれたのです。

仏教《ぶっきょう》がやってきた

仏教《ぶっきょう》が日本に伝わったのは、五三八年といいます。それは朝鮮の百済《くだら》から大和の朝廷に、正式に伝えられたことを指します。しかし実際には、海を渡って民間で伝えられていたと思われます。

それにしても仏教は、日本の民族宗教にとっては「異国の神」です。仏像の礼拝《らいはい》の可否をめぐって、蘇我氏と物部氏の間で論争対立が起こります。

そこに登場したのが聖徳太子《しょうとくたいし》（五七四〜六二二）です。彼は朝鮮・高麗の僧慧慈《えじ》と百済の僧慧聡《えそう》に師事《しじ》して仏教に対する理解を深めました。摂政《せっしょう》になった聖徳太子《しょうとくたいし》は、仏教の理念を土台にして政治を行いました。

「十七条憲法」の第二条には、「篤《あつ》く三宝《さんぼう》を敬《うやま》え、三宝《さんぼう》とは仏法僧《ぶっぽうそう》なり」とあります。

国家と仏教の結びつき

こうして仏教中心の文化が栄え、大化の改新（六四五年）後、天皇中心の律令国家が発展して、国家意識が強くなっていきました。

飛鳥・奈良の仏教は、国家を護る宗教をめざして、しだいに国家体制の上に位置づけられてきました。

やがて平安時代になり、最澄《さいちょう》と空海《くうかい》が現れ、二人とも中国の唐の都へ留学して新しい仏教をもって帰ってきました。

最澄《さいちょう》は比叡山《ひえいざん》に天台宗《てんだいしゅう》を開き、空海《くうかい》は高野山《こうやさん》に真言宗《しんごんしゅう》を開きます。この二大宗派は、それ以後多くの仏教者を輩出する仏道修行の根本道場となっていきます。しかし、仏教そのものは国家との結びつきとともに、貴族とのつながりも深まっていきます。実はそこに国を護る仏教から、個人の救いを求める仏教への転換のきざしがあるのです。それに応えたのが、阿弥陀仏《あみだぶつ》の極楽浄土《ごくらくじょうど》への往生《おうじょう》を願う念仏《ねんぶつ》の方法です。

浄土教《じょうどきょう》と念仏《ねんぶつ》への道

空也《くうや》（九〇三〜九七二）が京都に入って、念仏《ねんぶつ》を称《とな》えながら巷間《こうかん》を布教して歩きはじめると、たちまち民衆の中に念仏《ねんぶつ》を口ずさむことが広まっていきました。

慶滋保胤《よししげやすたね》（?〜一〇〇二）という人が中心になって、比叡山の東麓の坂本において独自の仏教研修会を開き始めました。比叡山北堂の学生《がくしょう》と山の僧が春秋の二回、満月の夜に集まり、経《きょう》を講《こう》じ、念仏《ねんぶつ》を称えはじめます。

これがやがて発展的に解消して、源信《げんしん》（九四二〜一〇一七）といっしょに「二十五三昧《ざんまい》講《こう》」というグループを結成します。これはメンバーを極楽世界《ごくらくせかい》の二十五菩薩《ぼさつ》にちなみ、臨終には阿弥陀仏《あみだぶつ》の浄土《じょうど》に往生《おうじょう》することを期して念仏《ねんぶつ》を称《とな》える結社《けっしゃ》です。いうなれば、二十五人が老後を念仏《ねんぶつ》の友として過ごすため、月に一度は念仏三昧《ねんぶつざんまい》の生活をするのです。仲間に病人ができると、必ず看病しあいます。また共通の墓をつくり、亡くなった人がでるとお葬式をして念仏《ねんぶつ》します。

源信《げんしん》が、この講《こう》に集まる人々に勧《すす》める意味もあって著わしたのが『往生要集《おうじょうようしゅう》』三巻です。それは特に高度な修行ができない者が救われるには、阿弥陀仏《あみだぶつ》の誓《ちか》いである本願《ほんがん》を信じて、浄土《じょうど》に往生《おうじょう》して救われていく道を明らかにした書です。

こうして仏教は国家の宗教から、一人ひとりの救いの課題と結びついたものとなって、日本の大地に広く深く根をおろしていったのです。

源信《げんしん》の生涯と教え

源信《げんしん》（恵心《えしん》）は平安時代の九四二年、大和国（奈良県）当麻郷に生まれました。八歳で比叡山《ひえいざん》に上り、良源《りょうげん》に師事。二十二歳の時に比叡山《ひえいざん》と南都・奈良の学者との宗教討論での見事な講説《こうぜつ》で一躍名声が高まりました。そして四十四歳の時、『往生要集《おうじょうようしゅう》』を著わしました。

『往生要集《おうじょうようしゅう》』は、迷いの世界を離れて、極楽浄土《ごくらくじょうど》に生まれるために必要な教えを集めた本です。つまり、お経やそれを解説するさまざまな文献（論《ろん》・釈《しゃく》）を広く集め、ひも解《と》いて、阿弥陀仏《あみだぶつ》の誓願《せいがん》によって建立《こんりゅう》された浄土《じょうど》に往生《おうじょう》する念仏《ねんぶつ》の道を明らかにしたものです。そしてこの本は、いわゆる「地獄《じごく》と極楽《ごくらく》の物語」としても知られています。

地獄と極楽

『往生要集《おうじょうようしゅう》』は、まず私たちのおかれている現実は、決して安心できる世界ではない。汚染され、けがれた迷いの世界なのだ。その実相《じっそう》をしっかりと見つめ、目をそらさず、そこを厭《いと》い離《はな》れるべきである。このように勧《すす》めています。これがいわゆる厭離穢土《おんりえど》。

迷いの世界は六道《ろくどう》です。地獄《じごく》・餓鬼《がき》・畜生《ちくしょう》・阿修羅《あしゅら》・人《にん》・天《てん》、これらの六道《ろくどう》を輪廻《りんね》することから解放されていく道が極楽浄土《ごくらくじょうど》に往生《おうじょう》することであり、その方法が念仏《ねんぶつ》であると説きます。これがいわゆる欣求浄土《ごんぐじょうど》。

その初めには地獄《じごく》の凄絶《せいぜつ》なありさまが、これでもか、これでもかとばかりに出てきます。

やがてその記述は、「六道絵《ろくどうえ》」と呼ばれる地獄《じごく》や餓鬼《がき》などを描いた絵草紙《えぞうし》として普及します。また、阿弥陀如来《あみだにょらい》が浄土《じょうど》から迎《むか》えに来る姿を描いた「来迎図《らいごうず》」も盛んになります。

人間がさまざまな悪業を犯して地獄へ堕《お》ちてゆくさま、その八大地獄《はちだいじごく》の描写は、まことに丹念でリアルです。しかも、たんに死後の世界をおどろおどろしく語るというのではありません。私たちがふだん何気なくやってしまったことや、人の苦しみ、痛みに無感覚に暮らしていることの奥底にひそんでいる罪の深さに気づかせることがテーマなのです。それはまさに「死を見つめる教育」です。こうして、日本人の心の中に地獄と極楽の思想が根づいてきました。

アルフォンス・デーケンの「死の哲学」

アルフォンス・デーケンさんは、一九七五年から上智大学で「死の哲学」という講座を開いています。ＮＨＫ人間大学での「死とどう向き合うか」という講座でも、デーケンさんは「死のタブー化を考えなおそう」と呼びかけています。

中世のヨーロッパでは、「メメント・モリ（memento mori＝死ぬことを憶《おぼ》えよ）」の思想が広く浸透しており、当時の人にとって死はタブーではなくて、生涯かけて学ぶべき芸術の一つとみなされていたということです。それが二十世紀になってから、死は病院の密室に閉じ込められ、厳しくタブー視される傾向が強くなった。けれども人生をより有意義に生きるためには、死をどう見つめていったらよいかを学ぶことが必要なのだと語っています。

そういえば、日本ではもっと古くから死を見つめる教育のお手本として源信《げんしん》の『往生《おうじょう》要集《ようしゅう》』があったり、地獄絵《じごくえ》などがあったにもかかわらず、近代になってからは欧米のように、日常的に死についてほとんど語ることをしなくなりました。最近になってようやく、永六輔さんの本『大往生《だいおうじょう》』（岩波新書）がベストセラーになるという現象が起こりつつあります。それでもまだまだ死を話題にすることを忌《い》み嫌《きら》う習慣が根強く残っています。相変わらず暦《こよみ》には暦注《れきちゅう》が付き、結婚式や葬式や新築などのたびに、仏滅《ぶつめつ》とか友引《ともびき》とか大安《だいあん》だのと縁起《えんぎ》をかついでいるのです。死を恐れることと、死から目をそむけることとは違います。

今こそ、あらためて日本における死の教育の古典でもある『往生要集《おうじょうようしゅう》』を読み直す時代です。

宗教心を問う

源信《げんしん》は、広く仏教を説き明かし、ひたすらに、すべての人々に、いのち安らぐ世界に帰れと勧《すす》めました。それは、浄土《じょうど》（いのち安らぐ世界）を願い求めよという意味です。しかし、浄土《じょうど》を願い求めるといっても、その求める心のあり方が大きな問題になってきます。つまり宗教心が問われてくるのです。

源信《げんしん》は、我々の宗教心を非常に厳密に批判しています。信心《しんじん》といっても、それが深いか浅いかで、まったく違うのだと。

深い心というのは、あれもこれもというのではなく、ただこのこと一つを専《もっぱ》らひたすらに信じ行う心です。阿弥陀仏《あみだぶつ》の本願《ほんがん》を信じて、その仏《みほとけ》の名《みな》を称《とな》え、ただ念仏《ねんぶつ》するのです。浅い心というのは、あれもこれも拝んでみないと気がすまない。神も仏も菩薩も、念仏《ねんぶつ》も題目《だいもく》もというのは、一見信心深いように見えますが、その実は、どれも本気で信じていないということなのです。そういう雑多《ざった》な心です。

日本人には「何事も世間並みに」という生活意識がはたらいています。正月は神社へ初詣し、彼岸と盆には墓参り、結婚式は神前かキリスト教会であげ、葬式や法事は寺にたのむ。氏子になって祭りでワッショイもすれば、クリスマスも大好き……これが日本人の一般的な宗教心です。それは広く浅くです。どれも本気で信じてはいないけれど、世間並みにやっていくためには、ほどほどにお付き合いしておく心です。それはそういう自分の心や思いこみを、間違いないものと信じている。つまりは、自分への過信なのです。

もっといえば、深いいのちの世界から、この私の目覚めをうながす真実のはたらき（如《にょ》来《らい》）を信じることができない生き方です。それは仏《みほとけ》の願《ねが》いを疑い、いのちの真実に背《そむ》き続ける姿です。

行き着く世界が違う

これは決して「他の宗教はだめで浄土《じょうど》真宗《しんしゅう》だけが正しい」という意味ではありません。世界中のいろんな宗教には、それぞれ深い存在意義があります。ただし、それはどれでもいいということではありません。宗教相互の対話と批判が成り立ってこそ、お互いに照らし照らされ合うのでしょう。現代なお宗教の違いや押しつけがもとで、世界中に紛争や戦火が絶えないのは、真の対話と宗教批判が行われていないからです。

いささか話が大きくなりましたが、源信《げんしん》が問いかけているのも、本質的にはこういう問題につながることなのです。

宗教心のあり方いかんで、行《ゆ》き着《つ》く世界が違ってきます。いったい何を信じるのか、なぜ信じるのか、どう信じるのか。何が真実であり、何が偽《いつわ》りなのか。そのことに無感覚で生きているとしたならば、何しにこの世に人間として生まれてきたのかわからないまま死んでゆくということです。

いろんなことを聞いてきた、やってもみたけれど、誰とも出会えず、本気でひたすら道を求めたこともない。ふと気がつけば偽物《にせもの》をつかまされていたのに、本物やと思いこんでいただけ。あげくの果てが宗教に利用され、裏切られて人も世も信じることができなくなってしまう。これが仮《け》の国土（化土《けど》）。

本気で生きている人と出会い、真実の声にふれると、自分の経験や思いこみだけで固めてきた心がひっくりかえった。そこから、いろんなものに依存して自立していなかった心をとことん疑いぬき、何が真実か、何が偽《いつわ》りかを問い、確かめてゆくという宗教心（信《しん》心《じん》）が起こったならば、願いに報《むく》われたまことの世界が開かれてくる。これが報《むく》われた浄《じょう》土《ど》（報土《ほうど》）。

さて、「わたし」は何処《どこ》から来て、何処《どこ》へ往《ゆ》くのでしょうか。

善悪をこえた物差し

私たちの日常的な物差《ものさ》し、つまり価値観は、「善《よ》し悪《あ》し」です。それに則《のっと》って、好き嫌い、損か得か、役に立つか立たないか、都合がいいかよくないかを判断し行動します。

仏教は、あらためてその価値観が絶対的なものなのかと問いかけます。その時代の法律や社会通念によって、コロコロと変わる価値観だけを当てにしていていいのかと。

そして仏教は善悪をこえた物差《ものさ》しとして、「真《しん》か偽《ぎ》か」を指し示しています。

この物差《ものさ》しからすれば、世間でいう善や悪は大して違わない。とびぬけた善人や悪人などいないのです。誰もがみな普通の人「凡夫《ぼんぶ》」です。そして、人間であるかぎり、大小軽重さまざまな罪を犯さずには生きていけない「罪人《つみびと》」なのです。

極重《ごくじゅう》の悪人《あくにん》とは

そのことをふまえた上で、仏教は十種類の悪《あく》をあげています。

まず、身《み》でつくる悪《あく》として、①殺生《せっしょう》（殺す）、②偸盗《ちゅうとう》（盗む）、③邪淫《じゃいん》（おかす）。

次に口《くち》で行う悪《あく》に、④妄語《もうご》（だます）、⑤両舌《りょうぜつ》（つかいわける）、⑥悪口《あっく》（人に悪いレッテルをはる）、⑦綺語《きご》（まことなくかざる）。

そして意《い》（こころ）で起こす悪《あく》に、⑧貪欲《とんよく》（むさぼる）、⑨瞋恚《しんに》（いかる）、⑩愚痴《ぐち》（真実がわからない）が十悪《じゅうあく》です。

これらの悪をつくってしまう人間に対して仏《ぶつ》は五戒《ごかい》を説きました。①不殺生《ふせっしょう》（殺すな）、②不偸盗《ふちゅうとう》（盗むな）、③不邪淫《ふじゃいん》（おかすな）、④不妄語《ふもうご》（だますな）、⑤不飲酒《ふおんじゅ》（酔ってごまかすな）です。これらは、どうか人間性を失わずにという仏の願いです。それでも、この戒《いまし》めを破ってしまうのが凡夫《ぼんぶ》です。

それどころか、さらに五逆《ごぎゃく》の罪をも犯してしまうというのです。五逆《ごぎゃく》とは、①父を殺し、②母を殺し、③聖者《せいじゃ》を殺し、④道を求める人々の和合《わごう》を破り、⑤仏身《ぶっしん》を傷つけることです。極重《ごくじゅう》の悪人《あくにん》とは、これら十悪《じゅうあく》と五逆《ごぎゃく》を犯す人をいうのです。

摂取不捨《せっしゅふしゃ》（どこまでも）大悲無倦《だいひむけん》（いつまでも）

親鸞《しんらん》は、源信《げんしん》が引用した『観無量寿経《かんむりょうじゅきょう》』の心をうけて「ただ仏《ぶつ》を称《しょう》すべし」と『正信偈《しょうしんげ》』にうたっています。自分で善悪を分別して、どうにかしようと思ってもどうにもならない。そんな私たちに願いをかけ続けている阿弥陀仏《あみだぶつ》がおられる。その仏《みほとけ》の名《みな》をただ、ひたすらに称《とな》えよ、南無阿弥陀仏《なむあみだぶつ》と呼べと勧《すす》めるのです。

阿弥陀仏《あみだぶつ》の光明《こうみょう》は、あまねく十方の世界を照らし、念仏《ねんぶつ》する衆生《しゅじょう》を摂取《せっしゅ》して捨てない。来るものは拒《こば》まず、去るものはどこまでも追いかけ回す。そして決して見捨てない。いつまでも、あくことなく、そばに居《い》つづける。これが全ての人間を差別しない阿弥陀仏《あみだぶつ》の心であり、本願《ほんがん》の力、はたらきなのです。

河田光夫さん（親鸞研究者）は、親鸞《しんらん》の時代にはどんな人たちが悪人《あくにん》と呼ばれていたかを綿密に調べました。すると当時の犯罪者以外にもいろんな人に対して使われていたことが分かりました。つまり、差別されている人々が悪人と呼ばれていたのです。そして、親鸞《しんらん》の悪人正因《あくにんしょういん》（悪人正機《あくにんしょうき》）説とは、そういう悪人《あくにん》なるがゆえにもっている可能性をいうのだと気がついたのです。それは「他力《たりき》をたのみたてまつる（阿弥陀仏《あみだぶつ》の力《ちから》を信《しん》じておまかせする）」という可能性です。

現実に悪人《あくにん》として差別されている人々の、持つことのできた人間的な耀き、それを親鸞《しんらん》は阿弥陀仏《あみだぶつ》の本当の願い、慈悲《じひ》として感じとっていく。全てのものを平等だとするのが阿《あ》弥陀仏《みだぶつ》の本当の慈悲《じひ》なんだということを、一番実感しているのは差別されている人。そこにこそ全ての人間の学ぶべき姿を親鸞《しんらん》は見出していったのではないかと。（河田光夫著『親鸞と被差別民衆』明石書店より）

法然

本師源空明仏教
憐愍善悪凡夫人
真宗教証興片州
選択本願弘悪世
還来生死輪転家
決以疑情為所止
速入寂静無為楽
必以信心為能入

本師《ほんじ》・源空《げんくう》は、仏教《ぶっきょう》を明《あき》らかにして
善悪《ぜんあく》の凡夫人《ぼんぶにん》を憐愍《れんみん》せしむ。
真宗《しんしゅう》の教《きょう》証《しょう》、片《へん》州しゅう名に興《おこ》す。
選択本願《せんじゃくほんがん》、悪世《あくせ》に弘《ひろ》む。
生死輪転《しょうじりんでん》の家《いえ》に還来《かえ》ることは、
決《けっ》するに疑情《ぎじょう》をもって所止《しょし》とす。
速《すみ》やかに寂静無為《じゃくじょうむい》の楽《みやこ》に入《い》ることは、
必《かなら》ず信心《しんじん》をもって能入《のうにゅう》とす、といえり。

（意訳）

私のよき師《し》、源空《げんくう》は、仏教《ぶっきょう》は民衆《みんしゅう》のためにあるのだということを

明《あき》らかに示《しめ》され、
善人も悪人も、ふつうの人として願いをかけ
真実《しんじつ》の教えを、アジアの片はしの島国のこの日本に　開《ひら》きおこされました。
こうして、仏《みほとけ》によって選びぬかれた本願《ほんがん》は、
この差別《さべつ》と戦乱《せんらん》にあけくれる悪世《あくせ》に広められました。
人びとがいつまでも、生と死の中でどうどうめぐりをして、
迷いの家にかえりついてしまうのは、
きっと仏《みほとけ》の願《ねが》いを疑《うたが》っているからにちがいない。
すみやかに、その家を出て、ひそやかで静かな、
さとりの世界に入《はい》るということは、
必ず、信じる心によって、よくなしとげられるのです。
このように言われました。

法然《ほうねん》の時代と世界

日本の十二世紀から十三世紀は、平安時代から鎌倉時代へ移り変わる頃です。この時代

には世の中のありさまや、物の見方や考え方が大きく変化しました。

それまでは、高い位について人々を見下ろす貴族が世の中を支配していましたが、彼らの言うことをきかなくなった武士たちが現れたのです。保元の乱（一一五六年）・平治の乱（一一五九年）という戦争が起こります。武力を誇る侍たちは、自らが貴族になって政権をとろうとしました。源氏と平家の激しい争いです。

しかも天変地異といって、気候も激しく変化していました。日照り続きで雨が降らない。あちこちで地震が起こる。米や野菜がみんな枯れていきます。悪い病気も流行しました。

そんな中で武士たちは殺し合い、田や畑を荒らしまわります。人々の暮らしは貧しく、疲れきっていました。貴族や武士よりも身分が低いとされる人々は、虫けらや石ころのように扱われ、殺され、捨てられ、忘れられていくというありさまでした。

こんな時代に生まれ、こんな社会を生きぬいた人々の中から、法然《ほうねん》、親鸞《しんらん》、道元《どうげん》、日蓮《にちれん》、一遍《いっぺん》などという、仏教の灯をかかげた人々が現れ出たのです。

この時代、中央アジアやインドでは、イスラム化が本格的になっていきます。中国ではやがて、モンゴル帝国（一二〇六〜一三六八）が成立し、チンギス・ハーンが西方への大遠征を始めます。イギリスでは、一二一五年に大貴族の王権を制限する「マグナ・カルタ」

（大憲章）が承認されました。

この時代に現れた仏教者の宗教運動のことは、鎌倉新仏教と呼ばれてきました。それは旧仏教、すなわち奈良（法相宗《ほうそうしゅう》、華厳宗《けごんしゅう》など）や比叡山（天台宗《てんだいしゅう》）や高野山（真言宗《しんごんしゅう》）の教えに対する新仏教としていわれてきたのです。

ところが、そのような旧仏教と新仏教という図式だけではとらえきれない、日本中世の宗教の問題があるのだということが、近年の研究で明らかになってきました。

すでに黒田俊雄《くろだとしお》氏は、中世仏教を「顕密体制《けんみつたいせい》」という用語でとらえ、そこでの「正統《せいとう》派・改革《かいかく》派・異端《いたん》派」という見方で、法然《ほうねん》や親鸞《しんらん》や日蓮《にちれん》などをとらえ直そうとしてきました。

さらに、平雅行《たいらまさゆき》氏は、その著『日本中世の社会と仏教』（塙書房）においてその研究をさらに発展させて、これまでの常識を洗い直しています。

たとえば、いわゆる悪人正機説《あくにんしょうき》が親鸞《しんらん》の専売特許ではなく、法然《ほうねん》の弟子たちの間に広まっている考え方であったことや、解脱貞慶《げだつじょうけい》にもみられる思想であること。また女性が救われる道を説いたのも何も新しいことではなく、当時の仏教全体の中にはもう完全な形であったこと。そして、法然《ほうねん》や親鸞《しんらん》の専修念仏《せんじゅねんぶつ》集団が弾圧されたのは、それが中世の正統宗教に対する異端《いたん》の思想であるため。だからこそ、専修念仏《せんじゅねんぶつ》は当時の宗教的な力による支配からの解放を願った無名の民衆によってになわれ、広まっていったことなどなどです。

このような研究からも学びながら、法然房源空《ほうねんぼうげんくう》の生涯、浄土宗《じょうどしゅう》独立の意義、選択本願《せんじゃくほんがん》の思想、親鸞《しんらん》との出会い等々をたずねてみたいと思います。

吉水の地で

京都の東山の中腹に、吉水《よしみず》というところがあります。よく澄んだ水がこんこんと湧き出たところから吉水と名づけられ、今でもその地の井戸からは水が湧き続けています。

鎌倉時代、戦乱のさなかに、その吉水の地に小さな庵《いおり》を結んで、清らかな水が湧き出るように、当時の民衆の心にしみこむ念仏《ねんぶつ》の教えを説いている人がいました。法然上人《ほうねんしょうにん》です。

では、法然《ほうねん》という人は、なぜ念仏《ねんぶつ》「南無阿弥陀仏《なむあみだぶつ》」を自ら称《とな》え、人々にも勧《すす》めるようになったのでしょうか。いったい念仏《ねんぶつ》とは何なのか。「南無阿弥陀仏《なむあみだぶつ》」と口ずさむことの中にどんなはたらき、どんな力があるのでしょうか。そして親鸞《しんらん》はなぜ、法然《ほうねん》の弟子になったのでしょうか。

法然《ほうねん》の生い立ち

法然《ほうねん》は今からおよそ八五〇年前、美作《みまさか》の国・稲岡で生まれました。今の岡山県岡山市と津島市の間です。父は漆間時国《うるまのときくに》という武士で、その一人息子として生まれ、幼名を勢至丸《せいしまる》といいました。ところが九歳の時、父が殺されてしまいます。武士同士の争いで夜中に襲われて倒れた父時国は、妻と子を枕元に座らせて遺言します。

「私のために敵討《かたきう》ちをしてはならない。敵を憎み殺したら、相手の子供がまたお前を撃《う》ちにくる。いつまでも憎しみと殺し合いが続き、怨《うら》みは消えない。どうかお前は人を憎まずに、仏さまの弟子になっておくれ。そして、本当に人を愛し、敵も味方も救われるまことの道を求めて、私の真心に応えてほしい」

その言葉通り出家《しゅっけ》して僧侶になった勢至丸《せいしまる》は、十五歳になった時、京都の比叡山延暦《ひえいざんえんりゃく》寺《じ》に登って修行をし始めます。

しかし、勢至丸《せいしまる》は山の僧たちが、めいめい自分勝手に仏教を理解していることが気になってきました。また山法師《やまほうし》の権威をかさにきて金を集めたり、御輿《みこし》を担《かつ》いで人を驚かせ、世の中を騒がせていることにも疑問を抱きました。

そこで、十八歳の時に、比叡山の谷深く、西塔・黒谷でひっそりと暮らして道を求めていく叡空《えいくう》という聖《ひじり》の門下生になりました。その時、叡空《えいくう》から法然房源空《ほうねんぼうげんくう》という名をつけてもらいました。

聖《ひじり》とは、高い位についた僧ではありません。一度は比叡山などで修行した人が、そこから飛び出して街に住み、世俗の人々と一緒に生活しながら念仏《ねんぶつ》を称《とな》えている人のことです。空也《くうや》という聖《ひじり》は、唄ったり踊ったり鉦《かね》を叩いたりしながら、念仏《ねんぶつ》を称《とな》えて旅をしていました。彼は貴族や武士たちのために祈禱《きとう》するのではなく、貧しい暮らしに疲れ、仏教を聞いたことがないような人たちとともに生きたのです。

法然《ほうねん》も聖《ひじり》にあこがれましたが、同時にもっと学問を究めて父の遺志に応えたいという気持ちも強くありました。一切経《いっさいきょう》、これは膨大《ぼうだい》な量の全ての経典《きょうてん》のことですが、法然《ほうねん》は一切経《さいきょう》を五回もひも解《と》いて読みました。それほど切実に「生死《しょうじ》いづべき道」すなわち人生の根本問題の解決を探究していたのです。

浄土《じょうど》の教えと念仏《ねんぶつ》との出会い

そして四十三歳の時に、初めて心がふるえるような言葉にめぐり遇いました。それは浄《じょう》土《ど》の教えを説いた『観無量寿経《かんむりょうじゅきょう》』を詳《くわ》しく解釈した中国の善導《ぜんどう》の著書『観無量寿経疏《かんむりょうじゅきょうしょ》』

です。

……一心《いっしん》に専《もっぱ》ら弥陀《みだ》の名号《みょうごう》を念《ねん》じて、行住坐臥《ぎょうじゅうざが》に時節《じせつ》の久近《くごん》を問《と》わず念々《ねんねん》に捨《す》てざる、是《これ》を正定《しょうじょう》の業《ごう》と名づく。彼《か》の仏《ぶつ》の願《がん》に順《じゅん》ずるが故《ゆえ》なり。（『観経疏《かんぎょうしょ》』「散善義《さんぜんぎ》」）

（ひたすらに阿弥陀《あみだ》の名号《みょうごう》（南無阿弥陀仏《なむあみだぶつ》）を思い念じて、寝ても起きても、いつでもどこでも忘れないようにするのが本当の生き方です。それこそ仏さまの願いにめざめて仏さまについてゆくことだからです）

今までは仏教の教義を深く理解して究《きわ》めていこうとしていた。でもそれは、仏道として開かれている具体的な実践を、徹底することではなかった。それでは仏道を具体的に生きるとは何なのか。それは浄土《じょうど》の教えによって人間が平等に救われていくことを明らかにした阿弥陀仏《あみだぶつ》の願いを信じ、その名《みな》を称《とな》えることだったのだ。

本願《ほんがん》を信《しん》じ念仏《ねんぶつ》をもうすことで、すべての人は必ず浄土《じょうど》で救われる。善人も悪人も、男も女も、学問のある人もない人も、出家《しゅっけ》も在家《ざいけ》も、大人も子供も、上下貴賤《きせん》にかかわりなく、差別なく平等に救われる道、浄土《じょうど》への道があるのだと。

浄土宗の宣言

こうして法然《ほうねん》は、浄土《じょうど》の教えこそ仏教の教えの要《かなめ》、中心であるに違いないと確信しました。そういう意味をこめて、「浄土宗《じょうどしゅう》」の開宗を宣言し、世に開きました。一一七五年です。

やがて五十一歳の時に山を下りて、東山の大谷のほとり、吉水で念仏《ねんぶつ》を伝え始めたのです。法然《ほうねん》のことは口伝《くちづ》てに京の街に広まっていきました。近ごろ法然上人《ほうねんしょうにん》という方がおられる。仏さまの本願《ほんがん》の前にはみんな平等だ。どんな罪深い者でも念仏《ねんぶつ》すれば必ず浄土《じょうど》に往生《おうじょう》して救われる……。法然《ほうねん》を訪れる人が増えていきました。法然《ほうねん》もまた、どこへでも出かけて説法しました。あらゆる階層の人々が、本願念仏《ほんがんねんぶつ》にふれて、人間として誇りに目覚め、生きる喜びをつかみとっていきました。源氏と平家に分かれて戦争している武士たちの中からも、敵と味方を超えて、法然《ほうねん》の弟子になる人が現れました。

また、九条兼実《くじょうかねざね》という大臣は、法然《ほうねん》を大変尊敬し、念仏《ねんぶつ》の教えを本に書くことを勧《すす》めました。それが主著である『選択本願念仏集《せんじゃくほんがんねんぶつしゅう》』です。時に一一九八年、法然六十六歳でした。

法難《ほうなん》――専修念仏《せんじゅねんぶつ》への弾圧

法然《ほうねん》の説いた念仏《ねんぶつ》を、「専修念仏《せんじゅねんぶつ》（ただ南無阿弥陀仏《なむあみだぶつ》のみを専《もっぱ》らに称《とな》える。それ以外の仏や神を拝まない。そのことに徹《てっ》して生きる）」といいました。これに対して、奈良や比叡山の伝統仏教教団が、激しく妨害をするようになりました。

一二〇五年、奈良の興福寺《こうふくじ》は朝廷に九か条の奏状《そうじょう》を出しました。専修念仏《せんじゅねんぶつ》を公権力によって禁止することを求める訴えです。その内容は、要するに、念仏者《ねんぶつしゃ》たちは非公認の活動をする、伝統的な正しい仏教の教えを尊重しない異端者であり、これを放置しておけば国の治安を乱すというものです。

そして、一二〇六年、ついに法然《ほうねん》の弟子の住蓮《じゅうれん》と安楽《あんらく》の二人が、後鳥羽上皇《ごとばじょうこう》に仕える女官を念仏《ねんぶつ》の道に誘《いざな》ったかどで捕らえられ、死罪《しざい》に処せられました。その翌年、法然《ほうねん》と親鸞《しんらん》を含む弟子たちは、流罪《るざい》となります。法然《ほうねん》は四国、親鸞《しんらん》は越後に向かい、時に法然《ほうねん》は七十五歳でした。

しかし法然《ほうねん》は、

「流罪《るざい》をうらみには思いません。かえって地方の人々に念仏《ねんぶつ》を広めるいい機会です」

と弟子たちに言いました。法然《ほうねん》は翌年許されましたが、しばらくあちこちで念仏《ねんぶつ》の教えを伝えながら、三年後に京都へ帰ってきました。

最後の言葉と親鸞《しんらん》の謝念《しゃねん》

一二一一年、正月二十五日、法然《ほうねん》は八十歳の生涯を閉じて浄土《じょうど》へ帰っていきました。法《ほう》然《ねん》が亡くなる前に遺《のこ》した最後の言葉が「一枚起請文《いちまいきしょうもん》」です。それはおよそ次のような内容です。

「念仏《ねんぶつ》というのは、仏さまの姿を心に思ってみようとしたり、難しい言葉で説明して分からせようとすることではありません。極楽浄土《ごくらくじょうど》に生まれるには、ただ南無阿弥陀仏《なむあみだぶつ》と申《もう》すことの他には何もいらないのです。それが全ての人々を平等に救うと誓《ちか》った阿弥陀仏《あみだぶつ》の本願《ほんがん》を信《しん》じる念仏《ねんぶつ》なのです。本願《ほんがん》を信《しん》じる人は学問にたよらず、愚《おろ》かなふつうの人になって、ただひたすらに念仏《ねんぶつ》をとなえることが大切です」

親鸞《しんらん》は法然上人《ほうねんしょうにん》を生涯を貫《つらぬ》く師《し》として敬い、

「この人にならだまされて地獄《じごく》へおちたとしても決して後悔しない」（『歎異抄《たんにしょう》』）

と言いました。そして日本で本願念仏《ほんがんねんぶつ》を明らかにされたことを深く感謝していました。だから、インド・中国・日本と念仏《ねんぶつ》の教えを伝えてきた七人の高僧《こうそう》たちを讃《たた》える一番最後に、もっとも身近な祖師《そし》としてその徳《とく》を謝《しゃ》し、恩《おん》に報《むく》いようとしたのです。

本当の救いとは

法然《ほうねん》が出家《しゅっけ》した動機は、死ぬ間際の父親の遺言により、父を殺した敵《かたき》を怨《うら》まずに「怨親《おんしん》平等《びょうどう》（敵味方を平等に見る）」の世界を仏道《ぶつどう》に求めるという課題を抱えたからでした。

この課題を解決できなかったら虚《むな》しく終わる。救いはありえない。自らの内にある怨《うら》みを乗り越えて、親の願いに応えてゆきたい。そのための厳しい仏道修行でした。

しかし、いくら修行を積み、学問に励んでも、絶対平等の世界に出られないのです。その嘆《なげ》きが、法然《ほうねん》の言葉としてのこされています。

「かなしきかな、かなしきかな、いかがせん、いかがせん。ここにわがごときは戒定慧《かいじょうえ》の三学《さんがく》のうつわ物《もの》にあらず、この三学のほかにわが心に相応《そうおう》する法門《ほうもん》ありや。わが身にたえたる修行やあると、もろもろの学者にとぶらひしに、おしふる人もなく、しめすともがらもなし。しかるあいだ、なげきなげき経蔵《きょうぞう》にいり、かなしみかなしみ聖教《しょうぎょう》にむかいて、てづから身《み》ずからひらきて見しに」（『和語灯録《わごとうろく》』）

その嘆《なげ》きの中から出遇《であ》った書、さぐりあてた言葉が、善導《ぜんどう》の『観経疏《かんぎょうしょ》』でした。そこには阿弥陀仏《あみだぶつ》の無条件の慈悲《じひ》、すなわち善悪のへだてなくあらゆる衆生《しゅじょう》を平等に救う清らかな愛が確かに説かれていました。法然《ほうねん》の中で深いいのちへの目覚めが起こりました。

法然《ほうねん》が、仏教《ぶっきょう》の中の真宗《しんしゅう》（真実《しんじつ》の依《よ》りどころ）として明らかにしたのは何だったのか。それは、特別な修行をして聖者《せいじゃ》になる道ではなく、宗教が権力と結びついて力を持とうとするものでもありませんでした。どこまでも在家者《ざいけしゃ》として生活する民衆の一人ひとりが、そのままで救われる法でした。いつでも、どこででも、誰にでもできる念仏《ねんぶつ》の行《ぎょう》を信《しん》じ、阿弥陀仏《あみだぶつ》にまかせて生きる、これこそが末法《まっぽう》の世《よ》における真実《しんじつ》の救《すく》いであることを証《あか》ししたのです。実に簡素な教えです。それだけに自分を善人だと思っている人や、特別な修行をして普通の人とは違う聖者《せいじゃ》になることが救いだと考えている人たちにとっては、信じがたい法でした。

こうして法然《ほうねん》は、アジアの片端《かたはし》の島国の日本（片州《へんしゅう》）に真実の教え（真宗《しんしゅう》）を開き興《おこ》したのです。

現代に生きる真宗《しんしゅう》　平和のために行動する仏教《ぶっきょう》

私は、法然《ほうねん》や親鸞《しんらん》の教えの土台になっている阿弥陀仏《あみだぶつ》の本願《ほんがん》とは、「あらゆるいのちあるものと共に生きたいという願い」であると受けとめます。それは差別と暴力にみちたこの現実の中から、本当の自由と平等と平和を実現していこうという解放への祈《いの》りです。

しかし、現代において、その願いと祈りを表現していくためには、今までの既成概念でとらえられてきた念仏《ねんぶつ》（南無阿弥陀仏《なむあみだぶつ》）だけでは、どうも間に合わないような気がしてならないのです。

念仏《ねんぶつ》をするというのは、carry on（キャリー・オン　何かを受けついでいく、手渡していく、力いっぱい生き続けてゆく）だと思うのです。

そんな私が、最近めぐりあった一冊の本のことを紹介したいと思います。

ティク・ナット・ハン（釈一行）著『ビーイング・ピース』（壮神社）です。著者はヴェトナムに生まれ、十六歳で出家し、ヴェトナム戦争中に平和への行動をおこし、世界各地で講演と瞑想の指導をしている禅僧《ぜんそう》です。

私は、この本を初めて読んだ時の感動を生涯忘れないでしょう。それは淡路・阪神大震災、地下鉄サリン事件、オウム真理教への疑惑が深まるさなかでした。私は自身の個人的な問題とともに、いま社会で起っているこの状況をどう受けとめたらいいのか、自分に何ができるのか、何が一番問題なのか、私は本当に何がしたいのかと煩悶《はんもん》していました。その時、ふとこの本を開いてみる気になりました。読み進むうちに、渇《かわ》いてひび割れた大地に雨水がしみこむような潤いが心の中にもたらされました。

「人生は苦しみに満ちています。しかし人生はまた、青い空、太陽の光、赤ん坊の目といった、素晴らしいことがいっぱいあります。苦しむだけでは充分ではありません。苦しむばかりでなく、人生におけるさまざまな素晴らしいことと、つながりを持つべきです。素晴らしいことは、私たちの内にあり、周りのどこにも、いつでもあります」

「息を吸い、体を鎮《しず》める。息を吐き、ほほえむ。この瞬間に生きる。素晴らしい瞬間だと知る」（ビーイング・ピース）

私はきわめて自然に、「南無阿弥陀仏《なむあみだぶつ》」と念仏《ねんぶつ》を称《とな》えていました。長い旅をしてきて、ようやく探していたものにめぐり遇《あ》えたような気がします。この書には、私が社会と関わりをもつことの意味への洞察と実践への道が説かれています。

なぜ？という問いかけ

あなたは、ふと立ち止まって自分の人生をじっくりと考えてみようと思ったことはありませんか。

もし、ちょっとでもそんなことが気になったことがあるなら、これから先を読んでみてください。実は私もときどき、ふっとそんなことを思い出しながら暮らしているのです。

ここで『正信偈《しょうしんげ》』にうたわれている法然《ほうねん》（源空《げんくう》）の教えは、「還来《げんらい》」とか「所止《しょし》」とか「涅槃《ねはん》」とかいう難解な仏教用語がいっぱいですが、現代の言葉でわかりやすく言えば、こういうことです。

「なぜ、こうなってしまったのか？　どうすれば、納得のいく人生を生きることができるのか？」

この質問に答えてくれるのが法然《ほうねん》の教えです。ただし、その前に「なぜ、こうなってしまったのか」ということの内容を、はっきりさせておかなければなりません。

それは、何をやっても堂々めぐりではないかということです。あれもこれも、よかれと思ってやってはみたが、かえって迷いが増えただけ。物と金と浪費でストレスを一時的に発散しただけ。どこまでいっても自分の迷いの心は晴れることがない。二十日鼠《ハツカネズミ》が檻《おり》の中の輪でグルグル回っているように、生と死の間をさまよっているだけ。なぜ、なぜなのか？

それはあなたが疑っているからなのです。何を？　神を？　仏を？　違います。あなたを、あなた自身を疑っているから。自分を心底信じることができないからです。自分が信じられないから、自分が作り出した世界の全体が信じられないのです。だから迷い続けるしかないのです。

信じることの難しさ

では、自分を信じるとは、どういうことなのでしょうか。今までは、あなたは自分以外の何かを信じることだと思っていたのではありませんか。

このごろ世間では、そんなあなたを、さらなる迷いに導く人たちがたくさんいます。その人たちは、「価値」だの「真理」だの「幸福」だのといっては、自分の教義を絶対的な正義として押しつけて、これを信じなさいと説得しようとします。

でも、世間にはいろんな人がいて、さまざまな生き方、考え方があります。これだけがマルで、他はバツ、と決して言えません。同じ人間は一人もいないし、だからこそお互いを尊敬し合い、違《ちが》いを認め合って一緒に生きてゆけるのです。

大切なのは、自分が迷いの闇に沈んでいることに気づくことです。そのためには、自分と周りの人々、あらゆる生きもの、いのちとのつながりにおいて生きているという事実を深く考えることです。そのことが仏《みほとけ》を憶《おも》い念じ、仏《みほとけ》の名《みな》を称《とな》えることなのです。仏《みほとけ》の名《みな》、それがあなたの本当の名前です。あなた自身が目覚《めざ》めれば、仏《みほとけ》に成るのです。「南無阿弥《なむあみ》陀仏《だぶつ》」は、そんな人間のいのちの重さ、広さ、深さを教える言葉です。お金はかからず、どこででも、年齢、性別、資格、才能もいらない「さとり」（涅槃《ねはん》）への道がここにあったのです。

念仏の歴史への参加

弘経大士宗師等
拯済無辺極濁悪
道俗時衆共同心
唯可信斯高僧説

弘経《ぐぎょう》の大士《だいじ》・宗師《しゅうし》等《とう》、
無辺《むへん》の極濁悪《ごくじょくあく》を拯済《じょうさい》したまう。
道俗時衆《どうぞくじしゅう》、共《とも》に同心《どうしん》に、
ただこの高僧《こうそう》の説《せつ》を信《しん》ずべし、と。

（意訳）
仏《みほとけ》の教《おし》えを広めてこられた大《おお》いなる祖師《そし》たちは
濁《にご》りきった、悪い、人《ひと》の世《よ》を救ってくださいました。
仏道《ぶつどう》を行く僧《そう》も、教えを信じ歩む人も、
今の時代を生きる者は共《とも》に心を合わせて
ただ、ひたすらに、この方々の教えを信ずべし。

ひとことで言えば

「『正信偈《しょうしんげ》』にはどんなことが書かれているのか？」

その問いかけに一言《ひとこと》で答えるのはとても難しいのですが、あえて言うならば、こうです。

「『正信偈《しょうしんげ》』は南無阿弥陀仏《なむあみだぶつ》という言葉にまでなった真実《しんじつ》のいわれを説き、その言葉をはるかに遠い昔から現代の私たちにまで伝えてくれた人々の歴史をほめたたえている詩《うた》です」

歴史への参加

さて、『正信偈《しょうしんげ》』は、最後の二行四句をもって締めくくりとなります。でも、それはこれでおしまいという意味ではありません。いよいよここから『正信偈《しょうしんげ》』の歴史を私たち一人ひとりが受け継ぎ、人々との対話の中から伝えていく新たな歴史が始まるのです。

「ただこの高僧《こうそう》の説《せつ》を信《しん》ずべし」とは、その歴史への参加の決意です。

全体をおさえて

『正信偈』の内容は、前・後に大きく分かれます。

はじめの二十二行（四十四句）には「念仏《ねんぶつ》は生きている」ことが証《あか》しされています。これは親鸞《しんらん》が「真実《しんじつ》の教えとは無量寿経《むりょうじゅきょう》である」と示したお経《きょう》の心にもとづいて、本願《ほんがん》のおこり、念仏《ねんぶつ》のいわれとはたらきを表します。

後の三十八行（七十六句）には「念仏《ねんぶつ》はいかに伝わったか」が述《の》べられています。ここでは仏《みほとけ》のさとりと、その法《ほう》と、それを求め、確かに出会った僧《そう》たちの歴史がうたわれているのです。

それは、インド、中国から日本へと、アジアの大地を地下水のように流れ、風のように吹き渡り、潮のように満ちてきた念仏《ねんぶつ》の歩みです。

言葉にこめられた意味

そのはたらきは原文の「拯済《じょうさい》」という言葉にこめられています。これは「救《すく》い」を意味するのですが、たんに自分だけが救われるとか、心の内面での救いではなく、「ともにすくう」というのです。誰とともにかというと、「無辺極濁悪《むへんごくじょくあく》」、はてしのない、迷いによって濁りきわまりのない私たち衆生《しゅじょう》とともにというのです。それはさらに具体的に「道俗《どうぞく》時衆 共同心《じじゅうきょうどうしん》」と呼びかけられます。

親鸞《しんらん》は「道《どう》にふたりあり、俗《ぞく》にふたりあり」（『尊号真像銘文《そんごうしんぞうめいもん》』）といいます。「道《どう》のふたり」とは、比丘《びく》と比丘尼《びくに》、つまり男女の出家者《しゅっけしゃ》のこと。「俗《ぞく》のふたり」とは、仏法《ぶっぽう》を信《しん》じ行《ぎょう》ずる男と女、つまり在家《ざいけ》の人をいうのだと、男と女ということで仏道を歩む人を語っています。

親鸞《しんらん》は、自分の生きている時代を強烈に意識していました。「末法《まっぽう》」というとらえ方がそれです。これはいわゆる「終末」とは違います。釈尊《しゃくそん》という仏《ぶつ》なきあと、遥《はる》かな時、仏法《ぶっぽう》そのものも次第に影響力を失い、何が真実か偽《いつわ》りかが不透明な時代のことです。そんな時代に生きる私たち男や女は、この差別と暴力が渦巻く動乱の世にあって、「共《とも》に心《こころ》を合《あ》わせて」というのです。

「共同心《ぐどうしん》」を成り立たせる根拠とは何か。それが阿弥陀仏《あみだぶつ》の本願《ほんがん》、人類の歴史に流れる、あらゆる衆生《しゅじょう》（いのちあるもの）と共《とも》に生きたいという願いです。真の自由と平等と平和を願う、解放への祈《いの》りです。その願いが人々の共通の名、言葉として語り継がれ、称《とな》え続けられているのが「南無阿弥陀仏《なむあみだぶつ》」の念仏《ねんぶつ》です。

親鸞《しんらん》は『正信偈《しょうしんげ》』を「唯可信斯高僧説《ゆいかしんしこうそうせつ》」と締めくくります。ただひたすらにこの方々の教えを信《しん》ずべしと。「唯《ゆい》」とは、ただこのことひとつ、ふたつ並ぶのをきらうこと。それはまた、ひとりということです。（『唯信鈔文意《ゆいしんしょうもんい》』）

ここに海のような確かな存在があった。ただこのことひとつをはっきりさせるために、生きてきた大先輩たちがおられた。私もその願いにかなうように生きたい。

『正信偈《しょうしんげ》』はここで終ります。しかし、それは新たな始まりです。念仏《ねんぶつ》の道も時代とともに雑草におおわれてわからなくなるかもしれません。でも道はすでにある。それを発見したならば、あらゆる壁を乗り越えて「共《とも》に生《い》きる」世界が開かれてくるのです。

あとがき

この本は親鸞聖人によって著わされた『正信偈――真実の心・なむあみだぶつの歴史の詩』にこめられた魂の軌跡、求道の歩み、大乗仏教・真宗の精神を訪ねている私の学びの報告書です。

もとはといえば『正信偈』を意訳する試みから始まりました。青少年とともに仏教・真宗の教えを直接読み、聞き、語り合う契機となるような詩的でわかりやすい意訳をということを、大谷派児童教化連盟から委嘱されて着手しました。先人たちの学び、お仕事にふれながら四年かけて、注釈をつけず読んでそのままわかるような現代日本語訳を作りました。全体で一篇の宗教叙事詩として朗読することもできるように構成してみました。

その間、青少幼年とともに真宗にふれようとする活動にいそしんでおられる先輩方、法友方からは、厳しくも暖かいご批評、激励をいただきました。こうして『いのち』という青少年の『真宗聖典』（テキスト）に収録されました。（真宗大谷派青少年部内児童教化連盟発行一九九四年）これがもとになって多方面から活用していただくようになりました。

それが法蔵館主西村七兵衛氏のお目にとまることとなり一九九八年には、原文・訓読・意訳を合わせた『同朋唱和　正信偈　意訳付』（法蔵館）として出版していただきました。

また、この間、「なぜこのように訳したのか」というご質問や、全体にわたる訳註と解読を、という声もあり、私のあずかる南溟寺の寺報『法蔵魂』紙上で「正信偈入門講座」として連載してまいりました。

この度、法蔵館編集部の和田真雄氏のおすすめによりそれを一冊の本にまとめるはこびになりました。拙い文を世に出すことへのためらいもありましたが、和田氏よりご助言をいただきながら加筆いたしました。

しかしその内容たるや、まさに『歎異抄』にある「自見の覚悟をもって他力の宗旨を乱る（自分の勝手な解釈でわかったつもりになっているので、かえって親鸞聖人の他力真宗の心を混乱させる）」という言葉が、私への批判として響いてまいります。私の独断や誤りについて、読者からのご批評、ご意見をお待ちしております。

かえりみて、私に初めて仏法にふれる機会を与えてくださった故米沢英雄師と、聞思することの厳しさを教えてくださった故蓬茨祖運師の恩徳を憶います。そして背きつづけたままの私に先立っていった父・戸次公馨と、今なお困らせつづけている母・戸次睦子と、この私とついたり離れたりしながら関わりつづけてくれる友同行同朋の女たち、男たち、子どもたちに恥ずかしさと謝念をこめて、初めてのこの本（自著）を捧げます。

二〇〇一年五月

（追記）この「あとがき」を執筆後、母・戸次睦子の病状が急変し、五月十九日ついに命終しました。浄土へ還帰した母への想いをこめて、なむあみだぶつを申しつつ筆をおきます。

南溟寺・泉州聞思洞にて　戸 次 公 正

戸次　公正（べっき　こうしょう）

1948年大阪府泉大津市に生まれる。1974年大谷大学大学院修士課程修了。現在、真宗大谷派南溟寺住職。泉州聞思洞を開き、南溟寺寺報『法蔵魂』を発行している。

著書　『宗教・政治・天皇制』（共著）（勁草書房）
　　　『殺すこと殺されること—死刑制度と日本社会』（共著）（インパクト出版会）
　　　『ふたりあり—女と男の真宗教団論—』（真宗大谷派における女性差別を考えるおんなたちの会）
　　　『同朋唱和正信偈・意訳付』（法藏館）
　　　『阿弥陀経が聞こえてくる—いのちの原風景』（法藏館）
　　　『真宗の学びとは』Ⅰ・Ⅱ・Ⅲ（四国教区教化委員会）

正信偈のこころ
限りなきいのちの詩《うた》

二〇〇一年七月三〇日　初版第一刷発行
二〇一一年八月二五日　初版第四刷発行

著　者　戸次　公正
発行者　西村　明高
発行所　株式会社　法藏館
京都市下京区正面通烏丸東入
郵便番号　六〇〇-八一五三
電話　〇七五-三四三-〇〇三〇（編集）
〇七五-三四三-五六五六（営業）

印刷　リコーアート・製本　清水製本

ISBN 978-4-8318-2152-2 C0015